Bibliografische Information der Deutschen Nationalbibliothek:

Die Deutsche Bibliothek verzeichnet diese Publikation in der Deutschen Nationalbibliografie; detaillierte bibliografische Daten sind im Internet über http://dnb.d-nb.de/ abrufbar.

Impressum:

Druck und Bindung: Books on Demand GmbH, Norderstedt Germany
ISBN: 9783640497607

Dieses Buch bei GRIN:

http://www.grin.com/de/e-book/140334/information-extraktion-aus-dem-ebay-content-mithilfe-von-lokalen-grammatiken

Olga Morozova

Information Extraktion aus dem EBAY-Content mithilfe von lokalen Grammatiken

GRIN Verlag

Aufbauabschlussarbeit zum Thema:

Information Extraktion aus dem EB Y-Content mithilfe von lokalen Grammatiken

von: Olga Morozova

21.09.2009

DANKSAGUNG

Vor allem danke ich meinem Betreuer, Herrn Prof. Dr. Franz Guenthner, der mir die Gelegenheit gegeben hat, am Centrum für Informations- und Sprachverarbeitung zu studieren und bei dem ich viele Seminare besucht und viel neues Wissen erworben habe.

Des Weiteren danke ich den DAAD für die gegebene finanzielle Freiheit und die Möglichkeit, in Deutschland Aufbaustudium zu absolvieren.

Ich möchte mich auch bei allen Lehrkräften, die am CIS unterrichten, bedanken, insbesondere bei: Herrn Professor Dr. Klaus U. Schulz, Herrn Dr. Max Hadersbeck, Frau Michaela Geierhos, Herrn Dr. Gerhard Rolletschek, Herrn Dr. phil. Habil. Sebastian Nagel, Herrn Dr. Jörg Schuster und Herrn Dr. Hans Leiß.

INHALTSVERZEICHNIS

1 Einführung

Diese Arbeit ist der Information Extraktion mithilfe von lokalen Grammatiken gewidmet und verfolgt als Ziel die Erstellung der lokalen Grammatiken für die Suche in der Schmuck-Domäne von deutschem EBAY[1].

Die Zunahme der von Webbenutzern manuell geschriebenen Texte im Web bildet zurzeit eine große Herausforderung für Information Retrieval. Die Webbenutzer schaffen LiveJournals, verwalten eine riesige Menge von Blogs, beschreiben die zum Verkauf eingestellten Waren bei Online-Shops, kommentieren die Einträge von anderen Web User in Facebook, YouTube und vergleichbaren Web 2.0 Diensten. Diese von Usern konzipierten Texte charakterisieren sich durch eine große Anzahl von Tippfehlern, Rechtsschreibungsfehlern, Verwenden einer informellen Sprache, Jargon-Wörter und Redewendungen. Die klassische String-basierte Suche kann solche fehlerhafte Einträge nicht finden. Der Einsatz der lokalen Grammatiken ermöglicht es, solche Einträge und Suchanfragen zu analysieren und in unifizierte Form zu überschreiben, ohne die Benutzer dazu zu zwingen, die korrekten Sprachformen zu verwenden. Das wird in bestimmten Web 2.0 Diensten (z. B. Online-Shops) die Suchaufgabe erleichtern und wird es ermöglichen, die gesuchten Informationen (im Fall von Online-Shops: Artikeln mit allen angegeben Parametern) zu finden.

Die vorliegende Forschung entstand im Rahmen des CIS-Projekts, das sich als Ziel setzt, spezielle Suchmaschinen mithilfe von lokalen Grammatiken für jede EBAY-Domäne zu erstellen und dabei die verbesserte Suche für EBAY zu schaffen. Die lokalen Grammatiken wurden mithilfe von Korpusbearbeitung-Tool „UNITEX" erstellt und beschreiben die Schmuck-Domäne bei deutschem EBAY.

Das konkrete Ziel der Arbeit ist erstens die EBAY-Suche in der Schmuck-Domäne zu evaluieren und zu analysieren und zweitens die lokalen Grammatiken, die auf dem Korpus von Items und Queries der Schmuck- Domäne basieren, zu erstellen und sie danach zu bewerten.

Die vorliegende Arbeit ist folgendermaßen strukturiert.

Das zweite Kapitel eröffnet die Diskussion zum Thema „lokale Grammatiken" und „spezielle Suchmaschinen" und bestimmt konkret das Ziel der Arbeit sowie ihr Platz im interdisziplinären Projekt. Im dritten Kapitel werden Beispiele von speziellen

---

[1] [20] http://schmuck.shop.ebay.de/

Suchmaschinen in der Schmuck-Domäne präsentiert. Dabei wird auf die Haupteigenschaften von Schmuck-Domäne und auf die grundlegenden semantischen Klassen und Klassifizierungen innerhalb von dieser Domäne hingewiesen. Der vierte Abschnitt beschreibt die Struktur und den Inhalt der Schmuck-Domäne bei der EBAY sowie die charakteristischen Eigenschaften der Artikelbeschreibungen und Suchanfragen. In demselben Abschnitt wird die EBAY-Suche (u. a. Refinement-Boxe) evaluiert sowie mögliche Lösungen zur Verbesserung der EBAY-Suche im Bereich der Schmuck-Domäne vorgeschlagen. Das fünfte Kapitel stellt die Beschreibung des Arbeitsverfahrens zum Aufbau der lokalen Grammatiken dar. In diesem Kapitel sind die einzelnen Schritte der Arbeit beschrieben: Preprocessing (Kapitel 5.1), Lexikon-Aufbau (Kapitel 5.2), Flektions- und Wortbildungsprogramme (Kapitel 5.3) und Graphen (Kapitel 5.4). Das 6. Kapitel liefert die Evaluierung der erstellten lokalen Grammatiken. Zum Schluss werden die Ergebnisse der Arbeit im Fazit zusammengefasst und die Implementierung der lokalen Grammatiken für EBAY-Suche diskutiert. Im Anhang werden Beispiele der erstellten Graphen und Konkordanzen präsentiert.

2 Darstellung des Forschungsgebiets

2.1 Lokale Grammatiken

Der Termin „*lokale Grammatiken*“ wurde von Maurice Gross eingeführt. Dabei meinte er die Beschreibung der bestimmten „lokalen“ grammatischen Phänomene, die nicht mithilfe von globalen syntaktischen Regeln beschrieben werden können.

1975 hat sich Maurice Gross mit der Erstellung einer Lexikongrammatik beschäftigt[2]. Das Ziel seiner Arbeit war, für jedes Verb der französischen Sprache ein genaues Satzschema aufzustellen und syntaktische Eigenschaften aller Verben zu erstellen. Eine Gruppe von Linguisten hat mehr als 400 Eigenschaften von 12.000 Verben genauer betrachtet. Auf Basis dieser Arbeit ist Maurice Gross zum revolutionären Ergebnis gekommen, dass keine 2 Verben die gleichen syntaktischen Eigenschaften haben. Daher hat er den neuen Grammatikformalismus vorgeschlagen – die Theorie der lokalen Grammatiken. Die lokalen Grammatiken sind in Form von endlichen Automaten dargestellt:

„It could be viewed as an attempt to revive the Markovian model, but this would be wrong, because previous Markovian models were aimed at giving a global description of a language, whereas the model we advocate, and which we call it finite-state for short, is of a strictly local nature. In this perspective, the global nature of language results from the interaction of a multiplicity of local finite-state schemes which we call finite-state local automata“.[3]

Für die Entwicklung der lokalen Grammatiken wurde das Tool UNITEX an der Laboratoire d'Automatique Documentaire et Linguistique (LADL) unter Betreuung von Maurice Gross entwickelt. Den meisten Beitrag zur Entwicklung dieses Tools hat Sébastien Paumier geleistet. UNITEX ist eine open-source Software. Die Software ist von der Seite des Instituts für Elektronik und Computer Science Gaspard-Monge[4] herunterzuladen und unter LGPL Lizenz[5] zu benutzen.

---

2 [8]Gross, Maurice: "Methodes en sintaxe"

3 [11] Gross, Maurice: "The Construction of Local Grammars"

4 [25] http://www-igm.univ-mlv.fr/~unitex/index.php?page=3

5 Die „GNU Lesser General Public License" (LGPL) ist eine von der Free Software Gründung entwickelte Lizenz für freie Software. Unter dieser Lizenz darf man die Software für einen beliebigen Zweck nutzen, die Software vervielfältigen und weitergeben, die Software nach eigenen Bedürfnissen ändern und die geänderten Versionen weitergeben.

UNITEX kann die Texte aus mehreren Sprachen bearbeiten, dafür sind schon die Wörterbücher für 13 Sprachen entwickelt: für Französisch, Englisch, Deutsch, Finnisch, Georgisch, antikes und modernes Griechisch, Russisch, Thailändisch, Italienisch, Norwegisch, Portugiesisch und Spanisch. Für die deutsche Sprache wurden die Wörterbücher am CIS[6] entwickelt.

UNITEX wurde zu Zwecken der Information Extraktion und Information Retrieval, zur Korpusbearbeitung (Lemmatisierungen, Parsing usw.) und Korpusannotationen in Rahmen mehrerer Projekte verwendet.[7]

2.2 Spezialsuchmaschinen

Nach thematischen Gesichtspunkten lassen sich die Suchmaschinen in 3 Hauptgruppen unterteilen: Universalsuchmaschinen, Spezialsuchmaschinen und Archivsuchmaschinen. Während Archivsuchmaschinen gefundene Webseiten auf eigenen Rechnern abspeichern, um die dauerhaft verfügbar zu machen, stellen die Universalsuchmaschinen und Spezialsuchmaschinen sich zum Ziel, ein Abbild des aktuellen Webs zu liefern.

„Universalsuchmaschinen kennen keine thematischen, geographischen oder sprachlichen Grenzen. Ihr Ziel ist es - soweit möglich - das gesamte WWW zu erfassen. Spezialsuchmaschinen hingegen beschränken sich bewusst auf eine geographische Region, auf einen Sprachraum oder ein einzelnes Thema bzw. Themengebiet“[8].

Es gibt sehr große Menge an Spezialsuchmaschine für verschiedene Themengebiete und in verschiedenen Sprachen. In einem Themengebiet, auf das sie sich spezialisieren, liefern solche Suchmaschinen üblicherweise bessere Ergebnisse als Universalsuchmaschinen. Die Spezialsuchmaschinen sind auf vielen zu ihrem Gebiet relevanten Portalen implementiert oder für diese Portale speziell entwickelt.

Da die Spezialsuchmaschinen sich gezielt auf ein bestimmtes Thema beschränken, lassen sich die für dieses Gebiet gewissen Inhaltsbereiche und Schwerpunkte charakterisieren. Diese Inhalte sind in Grammatiken und Lexika konzipierbar. Deshalb eignet sich der Formalismus der lokalen Grammatiken zum Erstellen der Spezialsuchmaschinen hervorragend.

---

[6] Centrum für Information und Sprachwissenschaft an der LMU München: www.cis.uni-muenchen.de

[7] Einige Projekte und Arbeiten sind auf diese Seite aufgelistet: http://www-igm.univ-mlv.fr/~unitex/index.php?page=12

[8] [15] Lewandowski, Dirk:„Web Information Retrieval“, s. 24

Unten wurden die Beispiele von einigen auf lokalen Grammatiken basierten Spezialsuchmaschinen aufgelistet:

- GlossaNet[9] ist eine Spezialsuchmaschine, die 1999 von Cédrick Fairon an der LADL unter wissenschaftlicher Betreuung von Maurice Gross entwickelt wurde. Das System ist jetzt von CENTAL (Centre de traitement automatique du langage) an der Universität von Louvain (UCL, Belgien) betrieben. Die GlossaNet durchsucht über 80 Tageszeitungen nach Informationen. Die Suchmaschine führt die Suche nach ihrer Suchanfrage jeden Tag durch und präsentiert aktuelle Ergebnisse. Dabei ist GlossaNet mehr als einfache Spezialsuchmaschine, das ist auch ein linguistischer Konkordanzer, der nach linguistischen Schemata recherchieren kann. GlossaNet ist die erste Suchmaschine, die in Rahmen des Formalismus von lokalen Grammatiken und mithilfe vom UNITEX-Tool entwickelt wurde.
- JOBANOVA[10] ist eine Spezialsuchmaschine, die sich auf die Suche nach Arbeitsstellen in Deutschland, Italien, Frankreich, in der Schweiz und in den Staaten beschränkt. Zurzeit enthält sie demzufolge 5 Spezialsuchmaschinen für jede von oben erwähnten Sprachen (Stand: August 2009). Die JOBANOVA wurde unter der Betreuung von Professor Dr. Guenthner entwickelt. Bewerber können in Sekundenbruchteilen die Stellenangebote auf JOBANOVA nach allen bedeutungsgleichen, aber ganz unterschiedlich geschriebenen Berufsbezeichnern gleichzeitig durchsuchen. Neben den hier vorgestellten Neuerungen am wichtigsten sind die schreibweisentolerante Suche und das Vorschlagsfenster, das dem Benutzer schon während der Eingabe alle dazu passenden Angebote in einer Zusammenfassung zeigt, selbst wenn die Eingabe nicht ganz korrekt ist.
- TrustYou[11] ist eine Qualitätssuchmaschine. Basierend auf Millionen von Bewertungen hilft sie eine gute Entscheidung zu treffen. Dabei wird das Internet nach Qualitätsinformationen, also Bewertungen, Meinungen und Aussagen von Nutzern über Hotels, Hostels und Restaurants durchsucht. Man bekommt dann Bewertungen, die nach verschiedenen Informationstypen und nach Stimmung (positiv, negativ, neutral usw.) strukturiert sind. Die TrustYou basiert auf den

[9] [23] http://glossa.fltr.ucl.ac.be/
[10] [14] http://www.jobanova.com/
[11] [24] http://www.trustyou.com/

lokalen Grammatiken. Die „beschreiben alle unterschiedlichen Varianten, in der eine semantische Einheit – zum Beispiel Aussagen zur Sauberkeit eines Hotelzimmers – ausgedrückt werden können. Indem sie gleichzeitig Syntax und Semantik beachten, faktorisieren lokale Grammatiken die überaus große Menge aller verschiedenen möglichen Konstruktionen und ermöglichen eine bisher unerreichte Detailgenauigkeit der Beschreibung“[12]. Die Technologie der Suche setzt dabei auf Forschungsergebnisse des Centrums für Informations- und Sprachverarbeitung der LMU München (CIS)[13].

2.3 Arbeitsziel

Die vorliegende Forschung wurde im Formalismus der lokalen Grammatiken durchgeführt und untersucht die Implementierung dieser Theorie für die Information Extraktion aus dem EBAY Content. Die lokalen Grammatiken wurden mithilfe von UNITEX erstellt. Die am CIS für die deutsche Sprache entwickelten Ressourcen (Wörterbücher, Flektionsprogramme, etc.) wurden im Rahmen dieser Arbeit verwendet.

Das Ziel der Arbeit ist, auf Basis von EBAY Items (Titeln von Artikeln) und EBAY Queries (Suchanfragen in der Schmuckdomäne) die Lexika und lokale Grammatiken für Schmuck-Domäne zu entwickeln. Auf Grundlage von diesen Ressourcen könnte man eine spezielle Suchmaschine für die EBAY-Domäne vom Schmuck erstellen.

Es wurde eine Reihe von gleichartigen lokalen Grammatiken und Lexika für die andere EBAY-Domäne im Rahmen des Seminars „Spezielle Suchmaschinen“ im Sommer Semester 2009 am CIS erstellt. Dabei wurde ein Arbeitsverfahren entwickelt. Dieses Arbeitsverfahren zum Erstellen der Grammatiken wurde im Kapitel 5 detailliert beschrieben. Zuerst ist eine Evaluierung der Schmuck-Domäne und EBAY Schmuck-Domäne präsentiert, auf die danach das Erstellen der lokalen Grammatiken beruht.

---

[12] [24] http://www.trustyou.com/news/semantische-technologie

[13] www.cis.uni-muenchen.de

3 Übersicht der Spezialsuchmaschinen von Schmuck-Domäne

In diesem Kapitel werden zwei auf verschiedenen Verfahren basierte Spezialsuchmaschinen der Schmuck-Domäne dargestellt.

3.1 ICE[14]

Das 1999 gegründete englische Internet-Portal www.ice.com wurde als Quelle von Feinjuwelen zu günstigen Preisen und guten Konditionen anerkannt. Trotzdem wurden die erwarteten Verkaufszahlen wegen des Benutzens eines String-basierten Suchverfahrens nicht erreicht. Die Implementierung einer neuen Suchmaschine von CELEBROS (Suchkonzept Qwiser™ Salesperson) hat die Verkaufszahlen in 5 Tagen um 45,1% erhöht. In der Case Studie[15] sind die Herausforderungen der Suche in der Schmuck-Domäne und die Lösungen von CELEBROS dargestellt.

Die erste Herausforderung bezüglich dieser Domäne besteht darin, dass Schmuck nicht zu täglich gekauften Produkten gehört und der Käufer vielmals die Hilfe eines erfahrenen Händlers braucht. Zur zweiten Herausforderung gehört die Vielfalt von Käufern. Dabei lassen sich drei Haupttypen von Kunden des Schmuck-Onlineshops unterscheiden: Die ersten wissen Bescheid, was sie wollen, die zweiten wollen sich einfach umschauen und die letzten brauchen die Hilfe beim Auswählen. Hierbei entstehen die folgenden Probleme beim Suchen. Wenn eine Suchanfrage zu allgemein war, bekommt der Kunde zu viel Suchergebnisse und kann sie nicht erfolgreich filtern. Wenn die Suchanfrage aber zu konkret war, kriegt der Kunde überhaupt keine Ergebnisse. Außerdem enthält jede Suchanfrage viele wichtige Informationen, die den wirklichen Bedarf der Kunden beschreiben. Die dritte Herausforderung wäre, diese Information effizient umzusetzen.

Die Technologie von CELEBROS, die diesen Herausforderungen entspricht, sieht wie folgt aus. Die Refinement-Boxes dienen als Hilfspersonal, die den Kunden hilft, die passenden Produkte zu finden (sieh die Beschreibung der Refinement-Boxes unten). Wenn der Kunde zu allgemeine Suchanfrage angegeben hat, dann bekommt er viele Refinement-Boxes links und alle passenden und NUR passenden Suchergebnisse (darunter Synonyme) rechts. Wenn der Kunde aber zu spezifische Suchanfrage oder

[14] [7] http://www.ice.com/

[15] [4] http://www.celebros.com/pdf/CaseStudy-Ice.com.pdf

Suchanfrage mit Tippfehlern angibt, erhält er trotzdem die passenden Ergebnisse rechts, weil die Suchmaschine Tippfehler auch analysiert oder Synonyme zum Suchbegriff ausgibt. Wenn die Suchmaschine dennoch nicht die Artikeln mit allen angegeben Parametern findet, dann liefert sie die Suchergebnisse mit einigen von diesen Parametern, die danach gegebenenfalls auch mithilfe von Refinement-Boxes präzisiert werden können. Außerdem analysiert die CELEBROS Suchmaschine die von Kunden angegebenen Suchanfragen.

Was kann die Suchmaschine von CELEBROS in Wirklichkeit (Eigenanalyse):

Morphologie: Die Suchmaschine liefert die gleiche Anzahl von Ergebnissen, wenn man die Wörter in Suchanfrage in Singular oder in Plural angibt. Zwar hat die englische Sprache ziemlich arme Morphologie, trotzdem ist die Deklination von Nomina bei der Suche berücksichtigt.

Stopp-Wörter: Für Suchanfragen wie *„ring with sapphire“* und *„ring sapphire“* und *„ring in sapphire“* *„ring w/sapphire“* usw. liefert die Suchmaschine die gleiche Anzahl von Ergebnissen, was bedeutet, dass die Präpositionen als Stopp-Wörter betrachtet werden.

Interpunktionszeichen werden auch bei der Suche nicht berücksichtigt: dabei spielen *+- ""* keine Meta-Rolle in Suchanfragen.

Tippfehler-Analyse: Die Suchmaschine versteht viele Tippfehler-Variante. Zum Beispiel für *„sapphire“* versteht sie *„saphpire“*, *„safire“*, *„sapfire“*, *„sapphife“*, *„sapphide“*, *„saphhice“* usw. Dabei werden nicht nur die Fehler, die beim Drucken des danebenliegenden Buchstabens bewirkt werden, korrigiert, sondern auch die häufigen orthographischen Fehler wie „safire“ erkannt. Wenn die Wörter versehentlich zusammengeschrieben sind, dann versteht die Suchmaschine auch die Abwesenheit des Leerzeichens.

Synonyma-Analyse: Die Suchmaschine liefert genau gleiche Anzahl der Ergebnisse für *„lady ring“* und *„women ring“* oder für *„pink gold“* und *„rose gold“*. Aber die Suchmaschine versteht nicht *„585 gold“*, deshalb findet sie nicht das Synonym zum *„14K gold“*.

Disambiguierung: Die Suchmaschine kann zwischen *„cross form“* und *„cross pendant“* zwar nicht unterscheiden, aber liefert zu *„cross pendant“* nur die Ergebnisse, die *„cross“* und *„pendant“* enthalten, und zu *„cross form“* nur die Ergebnisse, die auch beide Wörtern enthalten. Wenn man aber einfach *„cross“* angibt, kriegt man dann alle Ergebnisse, die das Token *„cross“* enthalten. Trotzdem kann man mithilfe von

Refinement-Boxes, z.B. Refinement-Box „Schmuckart" („Categories") das gemeinte Konzept ausfiltern.

Wortordnung: Die Wortordnung in der Suchanfrage spielt bei CELEBROS-Suchmaschine keine Rolle. Man kann auch nicht mithilfe von speziellen Zeichen bewirken, dass die Suchmaschine die Wortfolge berücksichtigt. Aus diesem Grund wird man zu Suchanfrage *„14 inch"* mehrere *„14K gold"*-Artikeln erhalten, in denen das Lexem *„inch"* auch vorkommt. Das ist eine Schwäche dieser Suchmaschine, trotzdem kann solche Nicht-Berücksichtigung der Wortfolge damit verbunden sein, dass die Größe-Parametern bei Schmucksuche eher irrelevant sind. Auch gibt es bei CELEBROS keine Refinement-Boxe die die Artikeln nach Größe bzw. Gewicht filtern können.

Refinement-Boxes: Wenn Die Suchergebnisse auf eine Seite reinpassen, dann gibt es auf der linken Seite fast keine Filterungsvorschläge. Wenn es aber viel Ergebnisse gibt, dann kann man die Suchergebnisse je nach der Suchanfrage nach folgenden Parametern präzisieren: Steine, Steinformen, Metall, Goldfarben, Unterkategorien, Goldkarat, Preis, Anlässe, Zielgruppe (Frau, Mann, Kind oder Unisex), Motiven (geometrische Formen, Natur, Tierkreiszeichen, Herzen, etc.). Eine interessante Variante der Marketing Refinement-Box ist die Box „Geburtstag-Steine" - die Edelsteine werden nach dem Geburtsmonat zugeordnet.

Was die Refinement-Boxes angeht, ist auch folgendes wichtig: Wenn eine Suchanfrage den Begriff „Gold" enthält, dann kann man sie nach weiteren Parametern wie z.B.: „Goldfarbe" oder „Karat" präzisieren. Der Parameter „Material" kommt in diesem Fall nicht mehr vor, weil es eindeutig ist, dass es sich um Gold handelt. Das gleiche betrifft auch „Silber". Gibt man „Silber" an, dann kann die Suchanfrage nur nach relevanten Silberparametern gefiltert werden.

3.2 Stylight[16]

Eine Stylight-Suchmaschine verfolgt ein ganz anderes Suchkonzept. Bei dieser Suchmaschine kann man nicht nur die Suchanfrage angeben, sondern sich auch die gesuchten Items in visuellem Interface anschauen oder verwandte Produkte finden. Man kann auch die Suchanfrage nach Kategorien, Preis, Marke, Farbe, Größe oder Preis links verfeinern. Das visuelle Interface hilft die Menschen, die einfach sich umschauen wollen, die Produkte auszuwählen. Dabei soll man nicht unbedingt die

[16] [6] http://www.stylight.de/Women/Accessoires-c210/Schmuck-sc21003/v1/

Fachtermini wissen, um etwas zu finden (z. B.: Den Unterschied zwischen Kreolen, Ohrsteckern und Ohrhängern oder zwischen Armreif und Armband kennen). Man braucht auch kein Fachwissen, was die Steine anbelangt. Zum Kauf wird man durch visuelle Stimuli angetrieben.

Diese Suchmaschine verfügt auch über eine Suchmaske. Trotzdem arbeitet die Textsuche auf dieser Seite ganz schlecht. Vermutlich gibt es zu wenig Information über Produkten, deshalb kann man das gesuchte Produkt überhaupt nicht über Eingabemaske finden.

4 Übersicht der EBAY Suche in Schmuck Domäne

4.1 Beschreibung der Schmuck Domäne

Auf den deutschen EBAY-Seiten werden täglich ca. 37 Millionen Artikeln dargestellt. Unter der Kategorie „Uhren und Schmuck“ sind jeden Tag ca. 1 Million Items zu finden. Es werden tagtäglich auch Millionen von neuen Artikeln hinzugefügt und Millionen von anderen verschwinden, In der deutschen EBAY Schmuck-Kategorie werden jeden Tag ca. 500.000-800.000 Artikeln ausgestellt.[17]

Die Schmuck-Domäne ist wie folgt strukturiert (s. Abbildung 1).

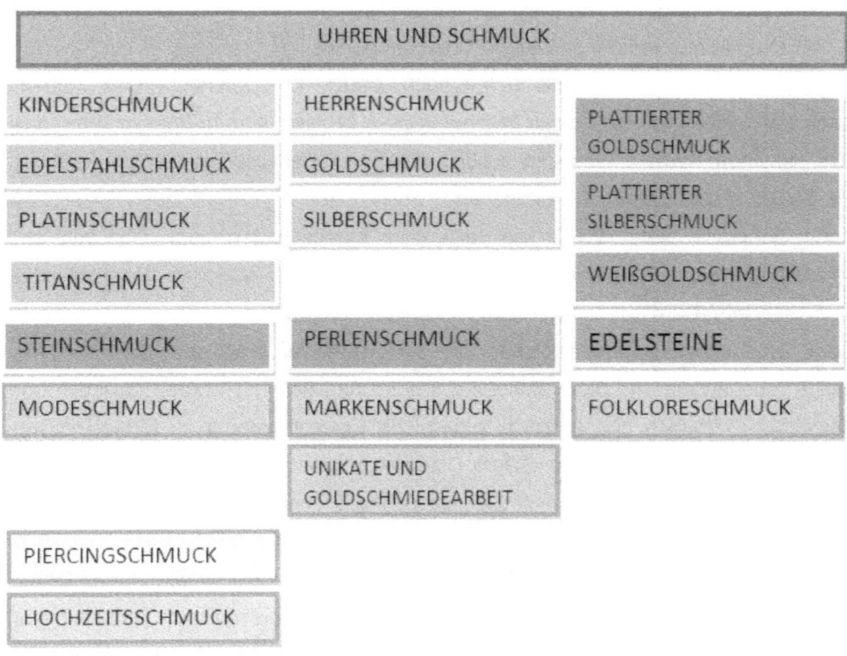

Abbildung 1: Kategorien in der Schmuck-Domäne von EBAY (Stand: August 2009)

[17] Die Daten sind EBAY Seiten entnommen (Stand: August 2009): http://listings.ebay.de/

Wie man der Abbildung 1 entnehmen kann, ist die Struktur der Schmuck-Domäne bei EBAY ganz chaotisch und unlogisch. Demzufolge entstehen die Inkonsistenzen beim Platzieren des Artikels. Das Einstellen eines Artikels geht folgendermaßen vor:

Erst gibt der Verkäufer beim Platzieren des Artikels einen Titel (Artikelbeschreibung, weiterhin „*Item*" genannt), der nicht mehr als 55 Zeichen enthalten soll. Es gibt auch die Richtlinien und Tipps von EBAY, wie zum Beispiel „*Vermeiden Sie dabei Gefühlwörter wie „toll" oder „super" – kein Käufer sucht nach solchen Begriffen*" oder EBAY verbietet den übermäßigen Gebrauch von Suchwörtern. Trotzdem verletzen mehrere Verkäufer die EBAY Regeln.

Nach dem Eingeben des Items wählt der Verkäufer eine passende Kategorie. Er darf jeden seinen Artikel in 2 Kategorien platzieren. Beim Eingeben des Titels wird EBAY die passenden Kategorien vorschlagen, man darf aber auch selbst die Kategorien auswählen. Beim Platzieren von Schmuckartikeln wählt man erst eine globale Kategorie (sieh Abb.1) und dann wählt man weitere Unterkategorien.

Dann besteht die Möglichkeit, die Fotos hochzuladen. Im nächsten Schritt können (müssen aber nicht und man tut das üblicherweise auch nicht so oft) Eigenschaften des Artikels bestimmt werden. Eben diese eingetragenen Eigenschaften tauchen nachher bei der Suche in den Refinement-Boxes auf.

Für den Schmuck bietet EBAY die folgenden Eigenschaften zum Ausfüllen an: Artikelzustand (neu, gebraucht), Produktart, Unterkategorie, Material, dominierender Stein, Geschlecht (Damen, Kinder, Mann, Unisex), Marke, Farbe.

Für jede Eigenschaft in den Kästchen soll ein passender Wert oder die Kategorie „Sonstige" ausgewählt und dann selbst die Eigenschaft definiert werden. Je nach der ausgewählten Kategorie gibt es noch zusätzliche Eigenschaften zum Eingeben, wie zum Beispiel: Hauptstein & Perlen, Schliff, Diamantfarbe etc.

Die meisten der 800.000 Schmuck-Artikel, die tagtäglich bei EBAY angeboten werden, sind ziemlich billig (ca. 500.000 sind unter 20 EURO und nur ca. 8000 kosten über 1000 Euro). Im Gegensatz zu www.ice.com, wo der Feinschmuck verkauft wird, bietet EBAY viele preiswerte Artikeln an: Chinesischen Schmuck, Kinderschmuck, Schmuck aus verschiedenen Kunststoffen und unedlen Materialen, verschiedene Nippsachen und Ersatzteile.

4.2 Items

Bei der Item-Beschreibung versuchen die Verkäufer ziemlich oft alle 55 Zeichen zu verwenden, um den angebotenen Artikel mit möglichst vielen Informationen detailliert darzustellen.

Wegen dieses Zeichen-Limits enthalten viele Items Abkürzungen. Viele Abbreviationen stimmen aber nicht mit den Abkürzungsregeln überein (zum Beispiel „*dk*“ für „*dunkel*“, „*h*“ für „*hell*“, „*m*“ für „*mit*“, „*f*“ für „*für*“, „*fa*“ für „*Farben*“ usw.).

Man verwendet viele Komposita, was die Aufgabe von Information Extraktion erschwert. Die Komposita werden meistens aus 2 Wortstammen gebildet, manchmal werden aber auch drei Wurzeln zusammengeschrieben. In der Tabelle 1 sind die semantischen Kategorien dargestellt, die bei den Schmuckarten-Komposita kombiniert sind. Hier ist die Anzahl der verschiedenen Lemmata angegeben. Am öftesten bildet die Schmuckart zusammen mit der Form ein Kompositum. Oft werden Steinbezeichnungen und Schmuckarten oder Materialbezeichnungen und Schmuckarten zusammengeschrieben. Aus der Kategorie „Steinnamen“ werden am häufigsten Diamanten, Brillanten und Perlen und aus der Kategorie „Materialen“ Gold, Silber und Holz zusammen mit der Schmuckart kombiniert.

FORM	306
STEIN	230
MATERIAL	153
ZIELGRUPPE:	59
ZIEL	45
MARKE	29
STIL	20
LAND	15
FARBE	7
GROESSE	3
ZUSTAND	1

Tabelle 1: Typen der Komposita für Bezeichnung der Schmuckarten

Auch englische Wörter sind ziemlich oft verwendet. Trotz des Zeichenlimits gibt es aber in vielen Items wiederholte Informationen. Man versucht mit übermäßigem Gebrauch der gleichen Wörter, den Artikelrang zu erhöhen. Solche überflüssige Information wird mithilfe von verschiedenen morphologischen Wortformen und mit Verwendung von Synonyma, Hyponymen und Hyperonymen erreicht:

```
ohrringe ohrhänger ohrschmuck
ohrringe ohrstecker stecker
ohrschmuck ohrringe hänger
ohrringe ohrring
```

Diese Eigenschaft von Items hilft sehr bei der Information Extraktion, wenn die Komposita nicht zu erkennen sind. Dann wird man trotzdem die Schmuckart wegen einer Menge von überflüssigen Informationen bestimmen. Auch gibt man ziemlich oft deutsche Schmuckartbezeichnungen zusammen mit der englischen Übersetzung:

```
modeschmuck ohrringe fashion earrings
modeschmuck brosche fashion brooch
```

Viele Items enthalten die gleiche Information über die gleichen Artikeln, aber die Verkäufer fügen am Anfang bzw. am Ende irgendwelche Nummer, Buchstabe oder Buchstaben mit Zahlen hinzu, damit EBAY sie nicht löscht:

```
1 6mm stahl dehnungsring hole expander ohr piercing p101
1 6mm stahl dehnungsring hole expander ohr piercing p103
```

Normalerweise sind die Items nicht in Phrasen gebunden, sondern man listet die wichtigsten Eigenschaften als Nomina oder Adjektive auf. Manchmal aber sind die Wörter in Wortgruppen mithilfe von morphologischer Übereinstimmung vereinigt:

```
goldene Ohrringe
ring mit Saphiren
```

Oft benutzt man allegorische Bezeichnungen für einige Eigenschaften, was die Suche bei der EBAY erschwert:

```
schmuckset für kleine prinzessinen
in der farbe des meeres
```

Man versucht auch die Unterbegriffe, Fachbegriffe und sehr konkrete Eigenschaften seines Artikels aufzulisten. Zum Beispiel bezeichnet man die Farben oft mit Farbtonen:

```
hell blau
minz grün
apricotfarbe
```

Für die Materiale gibt man oft die Unterarten an:

```
sterling silber
blattgold
```

Die Items enthalten sehr große Anzahl von Tipp- und Rechtschreibungsfehlern. Es gibt sogar die Webseiten, die sich dafür spezialisieren, die fehlerhafte Einträge bei EBAY zu finden (zum Beispiel BaySearch[18]). EBAY-Auktionen, deren Titel oder Beschreibung Tippfehlern enthalten, werden in der normalen Suche meist nicht gefunden. Aus diesem Grund erhalten diese Angebote keine oder nur wenige Gebote und werden deshalb oft zu sehr günstigen Preisen verkauft. Die Tippfehlersuche BaySearch macht sich diesen Umstand zunutze und kann solche Auktionen zielsicher und ohne großen Aufwand aufspüren.

4.3 Queries

In diesem Kapitel wird die Analyse von Queries (am Beispiel von Ohrringe-Queries) durchgeführt.

Am häufigsten werden ganz allgemeine Queries angegeben. Hier sind 2 häufigste Queries für Ohrringe (links ist die Anzahl des Vorkommens angegeben):

```
1139960 ohrringe
75524 ohrring
```

Die meisten Suchanfragen enthalten 1-3 Wörter, die oft nicht morphologisch verbunden sind. Sie sind entweder als separate Nomina oder als Adjektive angegeben. Ab und zu werden sie mit Plus-Zeichen verbunden. Manchmal handelt sich um eine Wortgruppe, die Präpositionen, Konjunktionen und morphologischer Übereinstimmung enthält:

```
251 ohrringe mit stein
246 ohrringe in silber
242 kette und ohrringe
```

[18] [22] www.baysearch.de

227 einzelner ohrring

Die Queries, die unter 5 Mal vorkommen, enthalten mehrere Wörter (vermutlich suchen Verkäufer dabei nach ihren eigenen Artikeln):

1 anhänger modeschmuck türkisches auge ohrring brosche 40
1 antik jugendstil biedermeier ohrringe 333 gold erbstück

Am häufigsten gibt man Schmuckart und Markenbezeichnung oder Schmuckart und Material, Schmuckart und Gold- oder Silberkarat, Schmuckart und Formbezeichnung, Schmuckart und Steinnamen, Schmuckart und Zielgruppe (Mann, Frau, Kind, Unisex), Schmuckart und Stil, Schmuckart und Farbe, Schmuckart und Zubehör oder Schmuckart und andere Schmuckart an. Diese Kategorien werden als semantische Labels in entwickelten Wörterbüchern verwendet.

In Queries gibt man viele Komposita an, die EBAY nicht erkennt und keine Ergebnisse dafür liefert.

Gold und Silber sind meistens nur als Probe angegeben, die Wörter „Gold“ und „Silber“ sind ausgelassen.

Viele Suchanfragen enthalten die subjektive Bewertung des Schmuckstücks:

220 sexy ohrringe
99 schöne ohrringe
85 coole ohrringe
492 ausgefallene ohrringe
224 bunte ohrringe
115 edle ohrringe
96 ohrringe edel

oder die relative Bezeichnung von Größe (wobei die Items viel öfters einen absoluten Wert der Größe enthalten):

2266 große ohrringe
419 grosse ohrringe
54 ohrringe klein
100 kleine ohrringe
19 breite ohrringe

Einige Queries enthalten falsche Fachtermini:

300 hängeohrringe

Ziemlich oft sind die Queries ambigue, weil die Abhängigkeit zwischen Wörtern nicht explizit ausgedrückt wird:

170 stecker ohrringe („stecker für Ohrringe“ oder „Ohrstecker“?)

oder weil die einzelnen Suchbegriffe in Queries ambigue sind:

406 ohrring türkis (Stein oder Farbe?)

96 ohrringe ringe (Schmuckart oder Form?)

10 ohrringe apricot (Form oder Farbe?)

Auch die Queries enthalten so wie die Items eine große Anzahl sowohl von Rechtschreibfehlern als auch von Tippfehlern.

4.4 Evaluierung der Suchqualität bei EBAY

Man kann bei EBAY die Suche entweder nur in Items (default) durchführen (was 95% der Benutzern machen) oder Artikelbeschreibung und Beschreibungen dazu einschließen. Es gibt auch die erweiterte Suche, wobei man die folgenden Suchmöglichkeiten hat:

- *„Alle Wörter, beliebiger Reihenfolge“* ist default eingestellt und man benutzt dabei keine Spezialsymbole, z.B.: armbänder gold.
- *„Mindestens ein Wort, beliebiger Reihenfolge“* bezeichnet man mithilfe von runden Klammern: (armbänder,gold).
- *„Genauer Wortlaut, genaue Reihenfolge“* ist traditionell durch die Eingabe in Anführungszeichen ausgedrückt, z.B.: „armbänder gold“.
- *„Genauer Wortlaut, beliebiger Reihenfolge“*: ein Wort soll in Einführungszeichen stehen, ein Wort einfach daneben, z.B.: „armbänder“ gold.
- Man kann auch einige Wörter aus der Suchanfrage mithilfe von Bindestrich ausschließen, z.B.: armbänder gold –silber.

Die Suchergebnisse kann man als Liste, Galerie oder Photomosaik darstellen lassen. Die Liste ist default eingestellt und EBAY liefert dabei für jeden Artikel das Photo, Item, Preis, Gebote, Versandkosten und die Restzeit bis zum Auktionsende. Genau die gleiche Information bekommt man bei der Galeriedarstellung, die Fotos sind aber größer und die Darstellung sieht so wie in einer echten Bildgallerie aus. Bei der Fotomosaik sieht man nur Bilder. Wenn man aber mit dem Mauszeiger auf das Bild kommt, sieht man dieselbe Beschreibung als bei den anderen Darstellungsmöglichkeiten.

Die Qualität der EBAY-Suche wurde nach folgenden Kriterien analysiert:

- Morphologie
- Stopp-Wörter
- Interpunktionszeichen
- Orthographie
- Komposita

- Synonyme
- Refinement-Boxes

(überall wird nach *„allen Wörtern, beliebiger Reihenfolge*“ gesucht):

Morphologie: EBAY liefert die gleiche Anzahl von Ergebnissen für Singular und Plural der Nomina. Kommen die Substantive zusammen mit Adjektiven vor, dann unterscheidet sich die Anzahl der Ergebnisse in Plural und Singular. Für Dativ Plural der Nomina bekommt man wesentlich weniger Ergebnisse als für andere Formen, was bedeutet, dass die intern zu keiner Grundform einbezogen sind. Aus der Tabelle 2 kann man die Unterschiede zwischen Anzahl von Ergebnissen für „Ohrringe Saphir(e)“ / „Ohrringe Rubin(e)“ und „Ohrringe (mit) Saphiren“/ „Ohrringe (mit) Rubinen“ entnehmen.

Ohrringe Saphir	70
Ohrringe Saphire	70
Ohrringe Saphiren	6
Ohrringe mit Saphiren	4
Saphirohrringe (so ist in Suchergebnisse angegeben)	3
Ohrringe Safir (die das Token „Safir“ enthalten)	73
Ohrringe Safire	7
Ohrringe mit Safiren	0
Ohrringe Rubin	89
Ohrringe Rubine	89
Ohrringe Rubinen	7
Ohrringe mit Rubinen	7
Ohrringe Rubun (*„**0** Ergebnisse für „Ohrringe Rubun“ gefunden, daher wurde nach „Ohrringe rubin“ gesucht“.)*	89
Ohrringe Robin	0
Armband	47060
Armbänder	47066
Armbändern (*„meinten Sie Armbänder?*“)	24

Armbander („*meinten Sie Armbänder?*“)	250
Goldener Ring	106
Goldene Ringe	62
Golden Ring	62
Gold ring	12983
Ring gold	11148
Ohrringe Brillant	142
Ohrringe Brilliant	30

Tabelle 2: Suchergebnisse bei EBAY (Stand: August 2009)

<u>Stopp-Wörter</u>: Es werden vermutlich keine Stopp-Wörter weggelassen. Wenn man nach „Ohrringe mit Saphiren / Rubinen“ sucht, dann bekommt man nur die Suchergebnisse, die alle diese Wörter einschließlich „mit“ enthalten. Es wird auch nach Konjunktionen, andere Präpositionen und sogar Partikeln gesucht. „Wow Ohrringe“ liefert zum Beispiel 241 Ergebnisse, zur Suchanfrage „und Ohrringe“ erhält man 696 Ergebnisse.

<u>Die Interpunktionszeichen</u> sind meistens nicht berücksichtigt, nur oben erwähnte Interpunktionszeichen haben spezielle Rolle bei der Suche.

<u>Tippfehler-Analyse (orthographische Fehler)</u>: Bei EBAY gibt es eingebautes Vorschlagssystem, das die Tipp- und Rechtschreibfehler zu vermeiden versucht. Für falsch eingetippte Suchanfragen bekommt man null Ergebnisse, aber in der Suchmaske taucht manchmal ein korrekter Vorschlag auf. Allerdings kommt dies nicht bei allen Tippfehlern vor. Die häufigen orthographischen Fehler wie „Brilliante“ oder „Safire“ sind auch nicht analysiert und nicht zur korrekten Form zurückgeführt.

<u>Komposita-Analyse</u>: Die Komposita bei EBAY-Queries sind meistens nicht erkannt und es gibt auch keinen Mechanismus, der diese Komposita aufteilen könnte. Trotzdem tauchen Komposita ziemlich oft bei Suchanfragen auf.

<u>Synonym-Analyse</u>: Es gibt keine Synonym-Analyse (s. Tabelle 3). Solche absoluten Synonyme wie „Dame“ und „Frau“ werden nicht analysiert. Analogisch liefert die EBAY-Suche verschiedene Anzahl von Ergebnissen für „585 Gold“ und „585er Gold“, etc.

Lady ring	23
Damen ring	3700
Frau (oder Frauen) ring	43
Dahmen ring	0 (aber „Damen Ring“ wird vorgeschlagen)
585 Gold	14715
585er Gold	4198
14 ct Gold	170
14 ct	999
14 Karat	658
585	24224
585er	7510

Tabelle 3: Suchergebnisse für synonymische Suchanfragen

Refinement-Boxes: Die Refinement-Boxes werden immer generiert, egal ob die Suchergebnisse auf eine Seite passen oder mehrere Seiten belegen. Die verschiedenen Refinement-Boxes hängen nicht von der Suchanfrage ab, sondern sind anscheinend nach Eigenschaften, die die Verkäufer beim Artikelplatzieren angegeben haben, sortiert. Viele Refinement-Boxes enthalten ganz oft die Option „Nicht angegeben“, wobei die meisten Ergebnisse da sind (s. Abbildung 2).

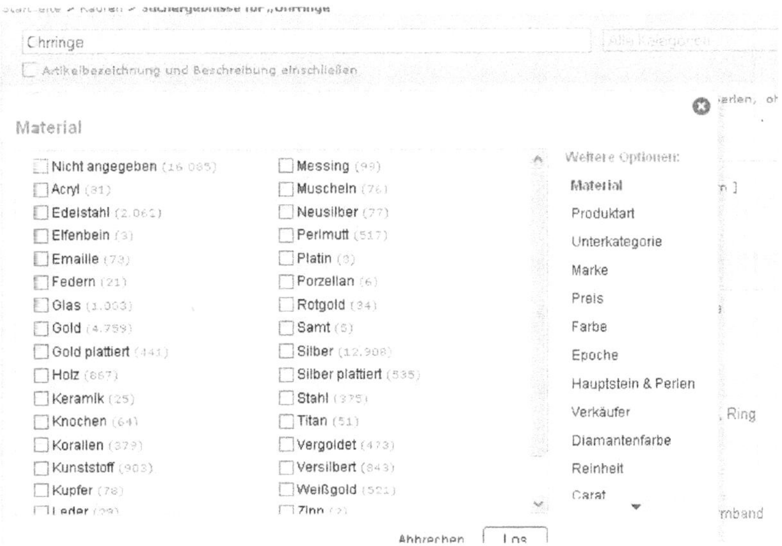

Abbildung 2: Refinement-Box für Material

Wie es aus dem Obigen hervorgeht, weist die EBAY- Suchtechnologie gewisse Defizite auf. Im folgenden Kapitel wird das Arbeitsverfahren zur Verbesserung der EBAY - Suche vorgestellt.

5 Arbeitsverfahren

Für die Erstellung der lokalen Grammatiken sind 3 Korpora mit Items und 1 Korpus mit Queries bearbeitet worden. Die Items-Korpora betragen insgesamt 65345 Einheiten (65345 Zeilen von Artikelbeschreibungen) und das Queries-Korpus enthält 30841 Einheiten (30841 Suchanfragen). Die Daten wurden erstmal für die UNITEX- Zwecke vorverarbeitet. Alle in diesen Korpora präsenten Schmuckarten wurden aufgefunden und klassifiziert. Die Klassifizierung wird im Kapitel 5.2 dargestellt. Bei der Festlegung der für EBAY wichtigsten semantischen Klassen wurde gleichzeitig die Erfahrung von anderen Schmuck-Suchmaschinen berücksichtigt. Für diese semantischen Klassen wurden Wörterbücher entwickelt. Alle häufige Wortformen und Tippfehler wurden in die Wörterbücher eingetragen und für jedes Lexem wurden semantische Klassen angegeben. Die Einträge in den Wörterbüchern wurden dekliniert (sieh dazu Kapitel 5.3). Für einige Wörterbücher werden auch die produktiven Wortbildungsmodelle dargestellt, die mithilfe von PERL-Programmen durchgeführt worden sind.

Danach werden die lokalen Graphen konstruiert, die alle in Korpora präsenten Wortverbindungen beschreiben, um die wichtigen für die Suche Informationen mit semantischen Tags zu annotieren. Die Qualität der Graphen wird ständig durch die Konkordanzen geprüft, was zur Verbesserung der Graphen beiträgt. Dadurch werden Ambiguitäten eliminiert und möglichst alle Kontexte zu jeder semantischen Klasse aufgefunden.

5.1 Preprocessing

In diesem Schritt werden alle HTML-Formatierungen gelöscht. Die Interpunktionszeichen, „*+*“ und andere Metazeichen werden ebenfalls entfernt. Alle Einheiten werden in Kleinbuchstaben überschrieben, weil die EBAY - Benutzer gewöhnlich nicht zwischen Groß- und Kleinschreibung unterscheiden. Im weiteren Schritt werden Texte im UNICODE 2 - Format abgespeichert. Die Abkürzungen „*x*“ und „*mm*“ werden mithilfe von PERL-Programmen von nachfolgenden Wörtern getrennt (z.B.: „*2 xohrringe*“ oder „*12 mmohrkette*“).

Nach diesen Arbeitsschritten entsteht ein normalisierter Text, der für die lexikalisch-syntaktische Analyse bereit ist.

5.2 Lexikonstruktur der Domäne

5.2.1 DELA-FORMAT

Alle Lexika werden in die Wörterbücher in DELA-Format eingetragen. Die DELA-Einträge sehen folgendermaßen aus: **<deklinierte Form oder fehlerhafte Form>,<Grundform>.<POS-Tag>+<semantische Tags>[+<FF oder/und EN>][:<grammatische Merkmale>]**.
An der ersten Stelle steht die deklinierte Form des Lexems oder die fehlerhafte Schreibweise, nach dem Komma kommt die Grundform, nach dem Punkt wird die Wortart des Lexems vermerkt und mithilfe von „+" werden alle semantische Kategorien, zu denen das Lexem gehört, aufgelistet. Am Ende wird auch mithilfe vom „+"-Zeichen die Information hinzugefügt, ob die dargestellte Form Tippfehler enthält (FF) oder englisches Wort ist (EN). Zu guter Letzt werden die grammatischen Merkmale der Form aufgezählt. Zum Beispiel:

anhängern,anhänger.N+SCHMUCK+ANHAENGER:dmM

Wenn es aber die Form und die Grundform zusammenfallen, dann statt die Information zu wiederholen, schreibt man nur **<Grundform>,.<POS-Tag>+<semantische Tags>[+<EN>][:<grammatische Merkmale>]**, wie im folgenden Beispiel:

anhänger,.N+SCHMUCK+ANHAENGER:aeM:amM:deM:gmM:neM:nmM

Die Wörterbucheinträge sollen kleingeschrieben sein, damit im Text nicht nur die kleingeschriebene Form, sondern auch großgeschriebene Formen von UNITEX erkannt werden können. Mithilfe von „="-Zeichen werden die Wörter abgespeichert, die im Text entweder getrennt oder mit Bindestrich geschrieben sind. Zum Beispiel:

hole=expander,.N+SCHMUCK+PIERCING+EN

Nach diesem Eintrag werden im Text alle Vorkomnisse von „hole expander" und „hole-expander" gefunden.

5.2.2 KLASSIFIZIERUNG

Zuerst werden die Schmuck bezeichnenden Lexeme klassifiziert. Dafür wird die Analyse von allen Schmuckbezeichnungen herangezogen. Die Idee der Klassifizierung ist, Unterbegriffe und Oberbegriffe für alle Schmuckarten zu finden, damit man bei der Suche zu Hyperonymen alle mögliche Hyponyme findet. Zum Beispiel für den Begriff Ohrring soll man Ohrstecker, Kreole, Ohrringe usw. bekommen. Es gibt zwei mögliche Unterteilungen vom Schmuck: (1) nach dem Körperteil, auf deren man sie trägt (Ohrschmuck (Ohrringe, Ohrketten, Kreolen usw.), Haarschmuck (Haarspange, Haarband usw.)) oder (2) nach der Schmuckart (Ketten (Handkette, Armkette, Fußkette, Handykette), Ringe (Halsring, Zehenring, Armring usw.)). In der vorliegenden Klassifizierung wurde eine gemischte Strategie angewendet. Die meisten Begriffe werden nach dem Körperteilprinzip, einige aber noch detaillierter nach Typen aufgeteilt. Außerdem werden die Begriffe, die Ersatzteile wie z.B.: Etui, Verschlüsse usw. bezeichnen, in eine separate Kategorie „Zubehör“ eingetragen. Die Items, die sich zwar auf Schmuck beziehen, jedoch den Schmuck in ihrer Beschreibung nicht konkretisieren, wie z.B.: „Modeschmuck gold neu“), werden in eine besondere Kategorie Schmuck_B eingetragen. Die Klassifizierung sieht folgendermaßen aus:

1. OHRSCHMUCK (= OHRRINGE):
   TYPE =
   1. OHRHÄNGER
   2. CREOLE
   3. OHRSTECKER
   4. HALBCREOLE
   5. OHRHAKEN
   6. OHRKETTE
   7. OHRCLIPS (= CLIPS)
   8. OHRPIERCING
   9. ANDERER_OHRSCHMUCK (NICHT-SPEZIFIZIERTE OHRRINGENART)

2. HAARSCHMUCK (= KOPFSCHMUCK):
   TYPE=
   1. HAARSPANGE
   2. HAARBAND
   3. HAARKLAMME
   4. HAARGUMMI
   5. HAARCLIPS
   6. HAARREIF
   7. STIRNREIF
   8. DIADEM

9. HAARNADEL
10. HAARNETZ
11. HAARSPIRALE
12. ANDERER_HAARSCHMUCK

3. HALSSCHMUCK
   TYPE=
   1. HALSREIF
   2. HALSKETTE
   3. HALSRING
   4. COLLIER
   5. KETTE
   6. ROSENKRANZ
   7. ANDERER_HALSSCHMUCK
4. ARMSCHMUCK
   TYPE=
   1. ARMBAND
   2. OBERARMBAND
   3. ARMREIF
   4. OBERARMREIF
   5. ARMKETTE
   6. ARMRING
   7. RING
   8. REIF
   9. ANDERER_ARMSCHMUCK
5. FUSSSCHMUCK:
   TYPE=
   1. ZEHENRING
   2. FUSSKETTE
   3. ANDERER_FUßSCHMUCK
6. BAUCHSCHMUCK (= HÜFTENSCHMUCK)
   TYPE=
   1. HUEFTENKETTE
   2. BAUCHKETTE
   3. ANDERER_BAUCHSCHMUCK
7. ACCESSOIRES (=SCHMUCK FÜR VERSCHIEDENE SACHEN)
   TYPE=
   1. HANDYANHÄNGER
   2. BROSCHE
   3. KOFFERANHÄNGER
   4. SCHLÜSSELANHÄNGER
   5. KRAWATTENNADEL
   6. TUCHANHÄNGER
   7. KRAGENCLIP
   8. SCHALCLIPS
   9. MANSCHETENKNOPF
   10. TUCHCLIPS
   11. BRILLENKETTE
   12. HANDYKETTE
   13. HOSENKETTE
   14. UHRENKETTE
8. ANHÄNGER

TYPE=
1. KETTENANHÄNGER (= ANHÄNGER)
2. AMULETT
3. KREUZ
4. MEDAILLON

9. PIERCING

TYPE=
1. BRUSTPIERCING
2. NASENPIERCING
3. OHRPIERCING
4. INTIMPIERCING
5. BAUCHNABELPIERCING
6. AUGENBRAUENPIERCING
7. NAGELPIERCING
8. LIPPENPIERCING
9. ZUNGENPIERCING
10. LABRETSPIERCING
11. PIERCING_ALLGEMEIN

10. ZUBEHÖR

TYPE=
1. HALTER
2. BOX
3. STECKER
4. VERSCHLUSS

11. SCHMUCK_B (=NICHT-KONKRETISIERTE SCHMUCK)

Dabei ist es angenommen, dass eine Person, die nach Ketten sucht, interessiert sich auch für Colliers, Halsringe oder Halsreife (weil nur die Spezialisten den Unterschied dazwischen kennen), aber nicht für Handyketten, weil Handyketten schon ganz ein anderes Konzept darstellen.

Die obige Klassifizierung ist in Kaskaden des Schmuck-Graphen dargestellt. Dieser Graph enthält Oberbegriffe, die in ihrer Reihe Unterbegriffe einschließen, wobei jeder Unterbegriff aus dem Link zum entsprechenden Subgraphen besteht (s. Abbildungen 28-29). Solche Klassifizierung könnte auch vom Nutzen für Verkäufer sein. Man könnte auch mithilfe von Schmuckprototypenfotos den Klassifizierungsprozess erleichtern. Im Schmuck-Wörterbuch dienen die oben erwähnten Kategorien als semantische Labels.

5.2.3 RELEVANTE SEMANTISCHE KATEGORIEN

Außer derselben Schmuck-Kategorie sind folgende semantische Kategorien für die Schmucksuche relevant. Die EBAY-Benutzer haben ziemlich oft die Lexeme aus folgenden Kategorien verwendet:

- STIL
- ZUSTAND
- FARBE
- STEIN (inkl. Perlen)
- FORM (+KETTENART)
- MATERIAL
- STÜCK
- ZIELGRUPPE
- KARAT
- ZIEL
- MARKE
- GRÖSSE
- SET

Dabei brauchen die Größe, Karat und Stück-Kategorien keine Wörterbücher, weil die aus den Kombinationen von Zahlen und Maßbezeichnungen („*ct*“, „*cm*“ usw.) gebildet sind. Der Zustandsgraph ist nur von wenigen Wörtern abhängig, die in verschiedenen Kontexten verschiedene Bedeutungen haben können. Deshalb ist Zustand-Beziehung auch nur im Graph konzipiert. Für andere Kategorien wurden die Wörterbücher entworfen.

Das STIL-Wörterbuch enthält Stilbezeichnungen wie „*disko*“, „*ethno*“, „*emo*“ (mit STIL-Label vermerkt) und Land- und Kontinentbezeichnungen wie „*Afrika*“, „*Australien*“ (mit LAND-Tag vermerkt). Dabei sind die beiden Unterkategorien entweder Nomina oder Adjektive. Die Adjektive werden mithilfe von Flektionsgraphen dekliniert.

Die ZIELGRUPPE-Lexeme sind entweder mit dem Tag KIND, FRAU oder MANN vermerkt. Alle Lexeme in diesem Wörterbuch sind Nomina. Das Wörterbuch enthält synonymische Bezeichnungen von Frauen, Männern und Kindern (auch metaphorische Bezeichnungen wie „*Prinzessin*“), darunter auch viele englische Wörter („*teens*“, „*lady*“ usw.) und fehlerhafte Einheiten (wie „*her*“, “*madel*“ usw.). Es gibt auch Sammelbegriffe wie „*youth*“ oder „*Damenschmuck*“.

Die FARBE-Wörterbücher enthalten verschiedene Bezeichnungen von Farben. Nach der Analyse der meist benutzten Farbbezeichnungen werden alle in den Suchanfragen vorkommende Farben, die öfter als 50 Mal angegeben sind, als semantische Tags in den Wörterbüchern dienen (zwischen synonymischen Bezeichnungen wie z.B. „*pink*“ und „*rosa*“ wurde das Häufigste ausgewählt): SCHWARZ, WEISS, GRAU, BRAUN, GELB, GRÜN, BLAU, PINK, LILA, ROT, ORANGE, TÜRKIS. Dazu werden noch zusätzlich 2 Farben (GOLDFARBE und SILBERFARBE) hinzugefügt, um Ambiguität zwischen Farben und Materialen zu vermeiden. Alternativ kann man GOLDFARBE und

SILBERFARBE zu GELB und GRAU entsprechend einschließen, dann wird man nur spektrale Farben als Tags haben. Die Farbenbezeichnungen wurden dekliniert. Mithilfe von Perl-Programmen wurden auch produktive Wortbildungsmodelle gebaut. Einige farbenrelevante Bezeichnungen (wie *„grell“*, *„kräftig“* usw.) wurden separat ins Wörterbuch mit POS-Tags (ohne semantische Information) eingetragen.

Für das STEIN-Wörterbuch wurden die Lexika aus Edelstein-Knigge von Prof. Leopold Rössler[19] in DELA-Format überschrieben sowie englische Bezeichnungen der Steinen und Perlen und fehlerhafte Bezeichnungen hinzugefügt. Das STEIN-Wörterbuch enthält keine Labels von konkreten Steinen, nur den Tag STEIN (auch Perlen gehören zur Steinkategorie). Alle Wörterbucheinträge wurden mithilfe von CIS-Programm dekliniert.

Das FORM-Wörterbuch enthält verschiedene Bezeichnungen von Formen, Motiven und Kettenarten, die in Korpora benutzt wurden. Die Lexeme wurden mit Labels FORM oder KETTENART vermerkt. Es gibt auch die mehrdeutigen Lexeme wie *„Himbeere“*, *„Erdbeere“*, *„Olive“*. Die können entweder als Farbebezeichnungen (FARBE) oder als Formbezeichnungen (FORM) dienen.

Das MATERIAL-Wörterbuch enthält Metallnamen, Materialiennamen und verschiedene Gold- und Silberbenennungen. Die Gold- und Silbereinträge wurden zusätzlich mit Labels GOLD und SILBER entsprechend vermerkt. Für andere Materialeien gab es keine besonderen Unterteilungen.

Das ZIEL-Wörterbuch enthält Feiertagsnamen, zu denen Schmuck geschenkt oder getragen sein kann (*„Hochzeit“*, *„Muttertag“*, *„Kommunion“*), Klamottenbezeichnungen, mit denen Schmuck getragen wird (*„Dirndl“*, *„Trachten“*) und abstrakte Namen wie *„Freundschaft“*, *„Gesundheit“*, *„Glück“*, die dieser Schmuck bringen soll.

Das MARKE-Wörterbuch enthält Firmen- und Designernamen und ihre oft verwendeten Abkürzungen (wie *„dg“* von *„dolce gabbana“* oder *„cartier“* von *„paul cartier“*). Die Wörter sind undekliniert, weil sie nur in angegebener Form auf EBAY verwendet wurden.

Das SET-Wörterbuch besteht aus verschiedenen Bezeichnungen von Sets.

Es gibt zusätzlich das Wörterbuch von qualitativen Adjektiven, die die subjektive Meinung über den Schmuck ausdrücken: *„schön“*, *„bezaubernd“*, *„toll“*. Separat wurde das Wörterbuch von verschiedenen Verschlussarten, Steckerarten und Verpackungen und das Wörterbuch von Körperteilen angefertigt.

Die Information von Wörterbüchern wird in Graphen oft benutzt. Das in den eckigen Klammern kleingeschriebene Wort (zum Beispiel <gold>) bedeutet im Graph, dass alle

---

[19] [19] http://www.beyars.com/edelstein-knigge/lexikon.html

Formen dieses Lexems und alle im Wörterbuch enthaltenen fehlerhaften Einträge zu dieser Grundform zurückgeführt werden; das in den eckigen Klammern großgeschriebene Wort (zum Beispiel <GOLD>) steht für alle Lexeme und Wortformen, die mit diesem semantischen Label im Wörterbuch vermerkt sind („*Blattgold*“, „*Bruchgold*“, „*Aurum*“ usw.).

5.3 Flektion und Wortbildung

Für Flektion wurde das am CIS erarbeitete PERL-Programm[20] benutzt. Im Programm sind die Nomina und Adjektive in verschiedene Deklinationsklassen aufgeteilt (Nomina in 17 singulare und in 105 plurale Klassen und Adjektive in 17 Adjektivdeklinationsklassen). Bei einer manuellen Angabe dieser Klassen in geschweiften Klammern und bei der Implementierung des PERL-Programms bekommt man die deklinierten Wörterbucheinträge in DELA-Format. Für die Adjektive, für die man keine komparativen und superlativen Formen brauchte, wurde einfachen Flektionsgraph konzipiert (s. Abbildung 3).

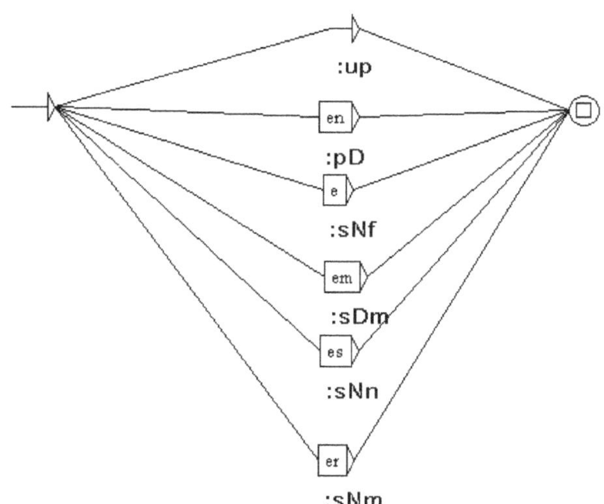

Abbildung 3: Flektionsgraph für Adjektive

[20] [17] Maier-Meyer, Petra 1995: "Lexikon und automatische Lemmatisierung". http://www.cis.uni-muenchen.de/pub/cis-berichte/CIS-Bericht-95-84.ps.gz

Es wurden auch die produktiven Wortbildungsklassen (zum Beispiel bei Farben) mithilfe von PERL-Programmen gebildet, die folgendermaßen aussehen: Produktive Suffigierung für Farben („*-farben*“, „*-farbig*“, „*-farbe*“, „*-ton*“) und produktive Präfigierung („*hell-*“, „*hel-*“, „*h-*“, „*d-*“, „*dkl-*“, „*dk-*“, „*dunkel-*“, „*pastell-*“, „*pastel-*“, „*leucht-*“, „*satt-*“, „*zart-*“, „*grell-*“, „*grel-*“, „*matt-*“, „*mat-*“, „*blass-*“, „*blas-*“, „*neon-*“ usw.).

5.4 Graphenbeschreibung

- GRÖSSE

Der Größe-Graph (Abb. 50) besteht aus zwei Subgraphen: Absolute Größe (die mit konkreten Ziffern ausgedrückt wird, Abb. 53) und relative Größe (die mit Wörtern „*klein*“, “*breit*“ usw. bezeichnet wird, Abb. 51). Der Graph „relative Größe“ enthält die Adjektive, die die Größe ausdrücken und intensive Adverbien (wie z.B.: „*sehr*“, „*extra*“ usw.). Diese Adjektive sollen entweder vor Schmuck- oder nach Schmuck-Bezeichnungen vorkommen. Die Beispielskonkordanz wurde in der Abbildung 52 präsentiert. Der Graph „absolute Größe“ enthält verschiedene Größebezeichnung wie z.B.: „*lang*“, „*groß*“, „*breit*“ oder „*Durchmesser*“ und Maßbezeichnungen („*cm*“, „*mm*“). Wenn die Ziffern ohne Größenbezeichnung mithilfe von „*x*“ aufgelistet werden, erkennt der Graph dann nur die dreidimensionale Größe (Länge x Breite x Höhe, wie z.B.: „*3x2x4*“) und beschreibt nur die Kontexte, in denen es sich um Größe handelt. Auch enthält der Graph die alphabetische Größenbezeichnung wie z.B.: „*xs*“, „*xxl*“ usw. Man kann auf solche Art und Weise die Größe von Ohrringen, Ringen und Armbändern zum Ausdruck bringen. Die Beispielskonkordanz wurde auf dem Bild 54 dargestellt.

- STÜCK

Der Stück-Graph (Abb.40) erkennt die Zahlen als Stückangaben, die vor Schmuckbezeichnungen oder vor Stück-Wörter („*Stück*“, „*Paar*“ usw.) stehen. Die Konkordanz wurde auf dem Bild 41 abgebildet.

- KARAT

Der Karat-Graph (Abb. 46 und Konkordanz-Abb. 47) erkennt alle Zahlen vor Karat-Bezeichnungen, z.B.: „*ct*“, „*karat*“, „*kt*“ usw.

- ZUSTAND

Der Zustand versucht alle Schmuckstücke in Kategorien NEU und GEBRAUCHT aufzuteilen. Zum gebrauchten Schmuck gehört Schmuck:

  - Mit/ ohne Gebrauchsspuren/ Kratzen;

- (nur) <NB>[21] mal getragen/ benutzt;
- (fast) wie neu/ ungetragen;
- wie neu und nie getragen;
- in super/top Zustand;
- (sehr) gut gepflegt.

Zum neuen Schmuck gehören noch nie benutzte Schmuckstücke, die mit Etikett, mit Garantie oder originalverpackt (ovp) sind. Diese Unterteilung ist auf der Graph-Abb. 9 präsentiert und die Beispielskonkordanz kann aus dem Bild 10 entnommen werden.

- FARBE

Dieser und weitere Graphen beruhen auf den Wörterbüchern. Der Schmuck kann entweder einfarbig oder mehrfarbig sein. Die Benutzer suchen zum Beispiel nach buntem Schmuck, Multicolor-Schmuck oder dreifarbigem Schmuck. Es wird ebenfalls nach der Farbe des Schmucks gesucht. Gewöhnlich werden in der Suchanfrage Grundfarben (wie *„rot“*, *„gelb“*, *„lila“*) eingegeben, hingegen kommen in Artikelbeschreibungen meistens Farbtöne oder metaphorische Bezeichnungen der Farben vor.

Der Farben-Graph besteht aus den ineinander angelegten Kaskaden von Graphen. Der Farben-Supergraph (Abb. 11) besteht aus zwei Graphen. Der eine erkennt eine Anzahl von Farben (Abb. 19) und der andere Farbennamen (Abb. 12). Im Graph „Anzahl von Farben“ wird es zwischen einem mehrfarbigen (Abb. 20), dreifarbigen und zweifarbigen Schmuck (Abb. 21) differenziert. Die schwarz-weiße Variante, obwohl sie dem zweifärbigen Graph angehört, wurde abgesondert konzipiert.

Mehrfarbig bedeutet z.B.:

- bunter Schmuck;
- Multicolor-Schmuck;
- Schmuck in 4 bis unendliche Zahl von Farben;
- Schmuck in mehreren/ verschiedenen/ Regenbogen-/ bunten Farben.

Zweifarbiger Schmuck ist:

- Bicolor/ Bicolour;
- zweifarbig;
- in 2 (verschiedenen/ bunten) Farben.

[21] <NB> steht in Graphen für Zahlen

Dabei kann der Begriff „Farben“ mit verschiedenen Wörtern ausgedrückt werden: „*Steinfarben*“, „*Frühlingsfarben*“, „*Trendfarben*“, „*Naturfarben*“ usw. Die Konkordanz wurde auf dem Bild 22 abgebildet.

Der Farbennamen-Graph enthält Subgraphen mit allen semantischen Labels, die für Farben konzipiert werden (für alle Farben außer Gold und Silber gibt es 2 Subgraphen). Alle Farbengraphen sind gleich strukturiert. Sie erkennen folgenden Konstruktionen (Abb. 13 – am Beispiel der grünen Farbe):

- in (gift, mai, moos, lemon) <GRÜN> (glänzend);
- in der Farbe von (lemon, gift usw.) <GRÜN> (glänzend);
- (hell, grell, kräftig) <GRÜN> (glänzend);
- in der Farbe von Zitrone/ Olive.

Die Bezeichnung <GRUEN+FORM> bedeutet, dass beide semantischen Tags bei einem Eintrag im Wörterbuch vorhanden sind. Wenn die Wortform, die im Wörterbuch mit beiden Tags vermerkt ist, nicht im Unterscheidungskontext steht, kann UNITEX nicht erkennen, ob es sich um Formbezeichnung oder um Farbebezeichnung handelt. Deshalb werden Wortformen in solchen Fällen mit beiden (mit dem Operator | „*oder*“) verbundenen Labels gekennzeichnet. Wenn man aber über homogene Satzgegenstände spricht und ein Satzgegenstand davon zu Grundfarben gehört, dann bezeichnet auch das zweite Wort in diesem Kontext die Farbe (s. Graph Gruen2 auf Abb. 15 und Konkordanz auf Abb. 16): „*in mint und schwarz*“, „*orange olive weiss*“. Dafür gibt es für jede Farbe außer Gold und Silber zwei Subgraphen.

Die Graphen von Gold- und Silberfarbe unterscheiden sich von anderen Farbengraphen dadurch, dass es da keine Ambiguität zwischen Form und Farbe gibt. Eigentlich sind Gold- und Silberfarben besondere Farbtöne von Gelb und Grau. Der Gold-Graph wurde auf dem Bild 17 und die Gold-Konkordanz ist auf dem Bild 18 abgebildet.

- STEIN (inkl. Perlen)

Bei Steinen ist Karat oder Härte-Skala ein Unterscheidungskontext (sieh dazu Graph 23 und Konkordanz 25). Auch die Präposition „*mit*“ und Wortformen „*besetzt*“, “*dekoriert*“ und „*versetzt*“ können nur die Steine bezeichnen. Zu den Adjektiven, die Steine beschreiben, gehören: „*solitär*“, „*einzeln*“, „*groß*“, „*synthetisch*“ oder „*unecht*“. Zu den Substantiven gehören die im Wörterbuch mit dem Label STEIN_B gekennzeichneten Lexeme, z. B.: „*Edelsteine*“, „*Halbedelsteine*“, „*Steine*“, „*Ziersteine*“, „*Solitärsteine*“ usw.).

Auf dem EBAY-Portal werden viele nicht-normierte Komposita für Steinbezeichnungen verwendet. Sie enden üblicherweise auf *„-stein"*, *„-korall"*, *„-kristall"*, *„-topas"*, *„-opal"*, *„-achat"* oder auf *„-quarz"* (sieh dazu Abb. 24). Wenn diese nicht-normierten Komposita im Unterscheidungskontext stehen, dann geht es in diesem Kontext höchstwahrscheinlich um Steine.

Einige Steine können manchmal auch die Farben bedeuten. Deshalb sind die Wörter, die nicht im Unterscheidungskontext vorkommen und ambigue sind (können entweder Farben oder Steinen bezeichnen wie *„türkis"* und *„aquamarin"*), mit beiden Labels vermerkt.

- FORM (+KETTENART)

Der Form-Graph (sieh dazu Abb. 26 und Abb. 27) erkennt alle Kettenarten, die im Wörterbuch angegeben sind - die Konstruktionen *„(in) (<DET>) Form (von) <FORM>"* und *„(in) (<DET>) <FORM> Form"*. Die Lexeme, die Form bezeichnen und nicht im Unterscheidungskontext vorkommen, werden mit Tags <FORM> und <FARBE> vermerkt, die mithilfe von ODER-Operator verbunden sind.

- MATERIAL

Der Unterscheidungskontext für Material ist *„in / aus (<DET>) (<edel> / <echt>) (<FARBE>) <MATERIAL>"* (sieh dazu Abbildungen 36-39). Viele Käufer suchen ziemlich oft nach einem Schmuck ohne Metall und umgekehrt, viele Verkäufer geben an, dass der verkaufte Schmuck kein Metall enthält. Deshalb ist die Konstruktion *„ohne (<DET>) <MATERIAL> ((und ohne <DET>) <MATERIAL>)*"* durch den Graph erkannt aber nicht mit dem <MATERIAL>-Label vermerkt.

Die Materialien Gold und Silber haben besondere Unterscheidungskontexte und besondere Eigenschaften, nach denen die EBAY-Benutzer suchen. Gold und Silber sind durch Karat gekennzeichnet. In der Suchanfrage gibt man ziemlich oft nur Karat vom Gold (meistens 585) oder Karat vom Silber (meistens 925) an. Es ist auch wichtig, verschiedene Goldfarben zu unterscheiden. Gelbgold, Weißgold, Grüngold und Rotgold sind besonders häufig angegebene Goldsorten. Für die Gold- und Silberidentifizierung sind im Material-Graph die Gold- und Silbersubgraphen eingebaut. Damit man gleich zwischen verschiedenen Gold- und Silberproben (und zusätzlich Goldfarben) unterscheiden könnte, enthalten diese Gold- und Silbergraphen besondere Subgraphen für jede Gold- und Silberprobe. (s. Abb. 37 für alle Goldproben und die Abb. 38 für 585er Proben.

Beim Gold kann man die Probe auf verschiedene synonymische Art und Weise ausdrücken:

- mithilfe von Karat-Eingabe und Goldbezeichnung: 14 ct/kt/karat/k/carat <GOLD>;
- mithilfe von Probe-Eingabe und Goldbezeichnung: 585/585er <GOLD>;
- mithilfe von Probe und Karat-Eingabe und Goldbezeichnung: 585/585er 14 ct/kt/karat/k/carat <GOLD>;
- nur Karat-Eingabe: 14 ct/kt/karat/k/carat;
- nur Probe-Eingabe: 585/ 585er;
- Karat- und Probe-Eingabe: 14 ct/kt/karat/k/carat 585/585er;
- mithilfe vom Fachbegriff, der Probe bezeichnet: Feingold (für 999er Goldprobe).

Dabei können alle von diesen Begriffen in verschiedener Reihenfolge stehen und die Farbwörter oder die Gold- oder Silber Varianten (zum Beispiel „*weiss gold*“ oder „*sterling silber*“) enthalten.

- ZIELGRUPPE

Der Zielgruppe-Graph (Abb. 42) identifiziert 4 Hauptzielgruppen: Mann, Frau, Kind und Unisex. Die Präposition „*für*“ ist der Unterscheidungskontext für Zielgruppe-Bedeutung. Die Zielgruppe „Frau“ kann man mithilfe von den synonymischen zu „*Frau*“ Wörtern bezeichnen, oder mithilfe von Konstruktion „*für sie*“ ausdrücken. Analogisch drückt man Männerschmuck mithilfe von Wörtern, die Männer bezeichnen, oder mithilfe von „*für ihn*“-Konstruktion aus. Unisex-Schmuck ist entweder der Schmuck „*für Erwachsene*“ oder Schmuck „<UNISEX>“. Die Kinder-Zielgruppe kann man auf 2 Art und Weisen bestimmen: mithilfe von Wörtern, die Kinder bezeichnen, oder mithilfe von Adjektiven „*klein*“ oder „*jung*“ und die Wörtern, die Mann oder Frau bezeichnen. Die Beispiele sind auf dem Bild 43 angegeben.

- ZIEL

Für die Ziel-Bezeichnung verwendet man bei EBAY die Präpositionen „*zu*“ und „*für*“ und die Lexeme, die Ziel ausdrücken. Man betont nicht speziell mit den Wörtern „*Ziel*“ oder „*Zweck*“, dass es Ziel ist. Der Ziel-Graph wurde auf dem Bild 44 und die Ziel-Konkordanz auf dem Bild 45 dargestellt.

- MARKE

Der Marke-Graph (Abb. 48-49) wurde auch ganz einfach konzipiert. Die besonderen Lexeme für Marke sind Präpositionen *„von*" und *„bei*", Nomina *„Firma*", *„Company*", *„Team*", *„Design*", *„Kollektion*", *„Marke*", *„Mode*", *„Trendmarke*" und Adjektive *„original*" und *„limited*".

- STIL

Der Stil-Graph (Abb. 5-8) kann mithilfe von Land- und Kontinenten-Bezeichnungen, mithilfe von Jahren, Jahrzenten-Bezeichnungen und mithilfe von Stil-Wörtern ausgedrückt werden. Für den Stil allgemein sind die folgenden Lexeme charakteristisch: *„Stil*", *„Design*", "*Look*", *„Optik*". Mit den Stil-Wörtern benutzt man die Präposition *„in*", mit Landbezeichnungen die Präposition *„aus*" und auch ab und zu das Substantiv *„Country*". Die Landbezeichnungen können entweder als Adjektive oder als Substantive ausgedrückt werden. Häufig baut man Komposita, die an *„-stil*", *„-style*" oder *„-styl*" enden (s. Abb. 7).
Die häufigsten Konstruktionen für Jahren-Stil (Abb. 6) sind:

  - in Stil von 70-80er Jahren;
  - 70er Jahren;
  - 60er Jahren Style.

- SET

Im Set-Graph (Abb. 55) sind zwei Begriffe mit enthalten: Set und Konvolut. Ein Konvolut ist eine große ungeordnete Menge von Schmucksachen. Gekennzeichnet wird ein Konvolut durch die Eingabe von Kilogrammen und durch die Konstruktion *„(sehr) viel*" Schmuck.
Hingegen bezeichnet ein Set eine geordnete und begrenzte Anzahl von verschiedenen Schmuckstücken, die man zusammen tragen kann. Charakteristisch für Set-Beziehung ist die Angabe von Teilen (s. Subgraph *„teilig*" auf dem Bild 56), aus denen Set besteht (*„Ohrringeset*", *„Ring, Armband und Ohrringe im Set*"). Entweder bezeichnet man das mithilfe von Ziffern und den Wörtern *„teile*" und *„teilig*" oder mithilfe von Komposita wie *„zweiteilig*", *„dreiteilig*", *„vierteilig*" usw. Die Beispiele wurden auf dem Bild 57 angegeben.

- SCHMUCK

Der Schmuck-Graph (Abb. 28) ist nach Kaskadenprinzip gebaut und beschreibt jede Schmuckart nach der Klassifizierung im Abschnitt 7. Im Schmuck-Graph sind die Oberbegriffe aus Klassifizierung hinterlegt und der Graph von jedem Oberbegriff enthält entsprechende Schmuckarten (s. auf dem Beispiel von Ohrschmuck Abb. 29). Jeder Graph, der Unterbegriffe erklärt, ist fast immer nach gleichem Prinzip gebaut, d.h. er enthält alle möglichen Bezeichnungen von diesem Schmuckstück (für Ohrstecker ist es zum Beispiel „*Ohrringe Stecker*“, „*Ohrschmuck mit Stecker*“, „*Stecker Ohrringe*“ usw.). Sehr oft beschreiben die EBAY-Verkäufer die Artikel mit vielen verschiedenen synonymischen Wörtern. Häufig enthalten auch solche Beschreibungen Lexeme wie „*Modeschmuck*“, „*Schmuck*“, abhängig von Schmuckart „*Ohrschmuck*“ oder „*Bauchschmuck*“ usw. Solche Beschreibungen sind überflüssig, weil sie keine neuen Informationen enthalten. Ebenfalls ziemlich oft sind viele qualitativ subjektive Bewertungen vom Schmuck die sogenannten Euphemismen wie z.B. „*schööön*“, „*cool*“ oder „*crazy*“ vorhanden. Sie übermitteln auch keine neuen der Unterscheidung dienenden Informationen. Diese qualitativen Bewertungen werden im Subgraphen „Qadj“ (Abb.31) erkannt. Auf diese Art und Weise konzipierter Schmuckgraph erkennt die Schmuckbezeichnung samt aller dazugehörigen überflüssigen Wörtern (wie Oberbegriffe, Synonyme und subjektive Bewertungen).

Einige Graphen für Schmuckarten unterscheiden sich von anderen Schmuck-Graphen durch das Konzeptualisieren der besonderen Verhältnisse, die nur diese Schmuckart charakterisieren. Zum Beispiel im Anhänger-Graph (Abb. 32) soll man drei Pfade angeben: einen für „*Anhänger*“, einen für „*Kette mit Anhänger*“ und einen für „*Kette ohne Anhänger*“. Der letzte Pfad soll erkannt, aber nicht mit dem Label vermerkt werden.

Im Schmuck-Graph ist auch der Zubehör-Graph (Abb. 33-34) eingebaut. Die Abbildung 35 stellt einen Ausschnitt aus der Schmuck-Konkordanz vor.

6 Auswertung der Ergebnisse

Für die Auswertung der Ergebnisse wurden aus den bearbeiteten Korpora, aus Queries und Items jeweils 200 Einheiten stichprobeartig ausgewählt. Aus dem Korpus der Suchanfragen wurden 50 häufigste Suchanfragen, 50 seltenste Suchanfragen und 100 Anfragen aus der Mitte ausgewählt. Von Items-Korpus wurde jede 426. Zeile für die Auswertung genommen. Dazu wurden auch 200 neue Items (die neuesten Schmuckartikel vom 14.August, 2009) gecrawlt und als Einsatzkorpus bewertet. Alle Einheiten wurden sowohl manuell als auch mithilfe von UNITEX annotiert.

Als Qualitätsmaße wurden klassische Maße ausgewählt: Recall, Präzision und F-Mittel[22]. Recall ist die Summe aller von UNITEX richtig extrahierten Informationen durch die Informationen, die manuell extrahiert sind. Präzision ist die Summe aller von UNITEX richtig extrahierten Informationen durch die Information, die von UNITEX extrahiert sind. F-Mittel ist ein ergänzender Wert, der die totale Effektivität der beiden Werte misst und durch Formel **F = (2*Präzision*Recall) / (Präzision + Recall)** berechnet wird.

Alle bedeutungsvollen Informationen sollen extrahiert werden; die Tokens, die keine Bedeutung tragen (z.B.: die vom Verkäufer gegebenen Artikelnummern), werden bei der Evaluierung nicht berücksichtigt. Die Lexeme, die nur subjektive Bewertung wie „*crazy*", „*schöne*" usw. werden analogisch nicht unbedingt annotiert. Auch die internen Artikelnummern, die vom Verkäufer nicht-normiert angegeben werden, sollen nicht mit Tags vermerkt werden. Sonst sollen alle anderen bedeutungstragenden Einheiten mit Labels vermerkt werden.

Die Ergebnisse sind in der Tabelle 4 dargestellt.

	Training Corpus of Queries	Training Corpus of Items	Deployment Corpus of Items
Recall (R)	93,45%	90,22%	92,22%
Precision (P)	99,65%	98,22%	99,1%
F_1-Measure (F)	95,83%	93,62%	95,29%

Tabelle 4: Auswertung der Ergebnisse

[22] [18] Moens, Marine-Francine: "Information Extraction: Algorithms and Prospects in Retrieval Context", s.182

Wie in den meisten gleichartigen Extraktionssystemen, die auf der Basis von Automatenkaskaden aufgebaut sind[23], zeigen die erarbeiteten lokalen Graphen sehr höhe Präzision. Der Recall ist kleiner, aber dennoch sehr hoch. Für kleineren Recall-Wert gibt es zwei Gründe: (1) Die Abwesenheit bestimmter Wortformen in Wörterbüchern, weil sie in den Trainingskorpora nie auftreten, und, (2) seltener, die Abwesenheit von Graphen für nicht-konzipierte semantische Klassen. Beide Probleme können aber sehr schnell gelöst werden. Sowohl die Graphen als auch die Wörterbücher lassen sich im Hinblick darauf schnell erweitern.

[23] zum Beispiel [13] Hobbs et al., [2] Bsiri, Sandra & Geierhos, Michaela

7 Fazit

Der EBAY-Suche fehlt an einem morphologischen Parser, einer Syntax- und Rechtschreibungsfehleranalyse sowie einem Mechanismus, der die Synonymie auslöst. Wie das Beispiel vom Suchalgorithmen Qwiser^{TM} zeigt, auf dem die Suche des ICE-Schmuckportals basiert, bewirkt die Implementierung der verbesserten Analysatoren die Erhöhung von Verkäufen enorm (um 45,1% innerhalb von 1 Woche). Um auch die Suche bei EBAY zu verbessern, wurde die Erfahrung dieser und auch den anderen Spezialsuchmaschinen der Schmuck-Domäne analysiert sowie die Queries und Items von EBAY untersucht.

Der in der vorliegenden Forschung auf dem Formalismus von lokalen Grammatiken aufgebaute IE-Mechanismus zeigt eine sehr hohe Präzision und Recall. Außerdem analysieren die lokalen Grammatiken Synonyme und synonymische Konstruktionen und die verfügbaren Wörterbücher enthalten verschiedene morphologische und fehlerhafte Formen von Wörtern und große Anzahl an Komposita.

Darüber hinaus verfügen die lokalen endlichen Automaten über eine sehr gute Portabilität. Das System ist auf den Modulen aufgebaut und sie können in den bestimmten Abschnitten durch andere Module ersetzt werden. Die Module können ganz leicht hinzugefügt oder gelöscht werden.

Auf solche Art und Weise aufgebaute semantische Spezialsuchmaschinen für jede EBAY-Domäne können ganz schnell die Queries analysieren und dazu die passenden Items auffinden. Das dargestellte Verfahren wird es ermöglichen, den Bedarf von EBAY Kunden zu analysieren, bessere Navigation durch die zahlreichen Angeboten zu schaffen und die gezielten Werbungsmöglichkeiten zu bieten. Es baut die wichtigen Prinzipen des künftigen semantischen Webs und die Zukunft der Suche auf. “While not restricted to search settings, high-quality matching of ads is critical to the continued success and growth of the major Internet search and content providers. In the long run, a better understanding of users in general and customers in specific is essential to providing the better experience and providing better opportunities through the advertising”[24]. Solche Technologie wird auch erlauben, nicht nur EBAY-Angebote zu analysieren, sondern auch Shopbots zu schaffen.

[24] [1] Brachman, Ron: “Emerging Sciences of the Internet: Some New Opportunities”

8 Literaturverzeichnis

1. Brachman, Ron: "Emerging Sciences of the Internet: Some New Opportunities". In Proceedings to ESWC 2007, Springer, 2007.

2. Bsiri, Sandra & Geierhos, Michaela: "Informationsextraktion aus Stellenanzeigen im Internet". Im LWA'07 Tagungsband. Workshop-Woche: Lernen - Wissen - Adaption. 24.-26.09.2007. Halle/Saale. pp. 229-236: http://www.cis.uni-muenchen.de/~micha/publikationen/lwa2007_bsiri_geierhos.pdf

3. Bulwahn, Lukas: „Interdisziplinäres Projekt: Entwicklung einer lokalen Grammatik für Nominalphrasen“. CIS LMU München, 2008.

4. Case-Study CELEBROS: http://www.celebros.com/pdf/CaseStudy-Ice.com.pdf

5. Dziczkowski, G., Wegrzyn-Wolska, K.: „An autonomous system designed for automatic detection and rating of film reviews". Extraction and linguistic analysis of sentiments“, 2008. http://cri.ensmp.fr/classement/doc/A-397.pdf

6. Fashion-Suchmaschine Stylight: http://www.stylight.de/Women/Accessoires-c210/Schmuck-sc21003/v1/

7. Feinjuwelenportal ICE: www.ice.com

8. Gross, Maurice: „Methodes en sintaxe“. Hermann, Paris, 1975.

9. Gross, Maurice: "Linguistic Representations and Text Analysis“. In "Linguistic Unity and Linguistic Diversity" in Europe, London: Academia Europaea, pp. 31-61, 1991.

10. Gross, Maurice: „Constructing Lexicon-grammars“. In: Atkins (Hrsg.); Zampolli (Hrsg.): „Computational Approaches to the Lexicon“. Oxford Univ. Press, 1994.

11. Gross, Maurice: "The Construction of Local Grammars“. In *Finite-State Language Processing*, E. Roche & Y. Schabès (eds.), Language, Speech, and Communication, Cambridge, Mass.: MIT Press, pp. 329-354, 1997.

12. Guenthner, Franz: “Local Grammars in Corpus Calculus”. Proceedings to the Dialog Conference. Moscow, 2006: http://www.dialog-21.ru/dialog2006/materials/html/Guenthner.htm

13. Hobbs et al.: „FASTUS: A Cascaded Finite-State Transducer for Extracting Information from Natural-Language Texts“. In Emmanuel Roche and Yves Schabe (Eds.), „Finite-State Devices for Natural Language Processing (pp. 383-406). Cambridge, MA: The MIT Press, 1996

14. JOBANOVA, Job-Suchmaschine: www.jobanova.com

15. Lewandowski, Dirk: “Web Information Retrieval: Technologien zur Informationssuche im Internet”. DGI-Schrift, Frankfurt am Main, 2005.

16. Liu, Bing: “Web Data Mining”. Springer-Verlag Berlin Heidelberg, 2007.

17. Maier-Meyer, Petra: Lexikon und automatische Lemmatisierung. CIS-Bericht-95-84. München. [http://www.cis.uni-muenchen.de/pub/cis-berichte/CIS-Bericht-95-84.ps.gz] [Ph.D. LMU München 1995]

18. Moens, Marie-Francine: “Information Extraction: Algorithms and Prospects in a Retrieval Context”. Springer, 2006.

19. Rössler, L.: „Edelstein-Knigge“. http://www.beyars.com/edelstein-knigge/lexikon.html (zuletzt aufgerufen: August 2009)

20. Schmuckdomäne beim deutschen EBAY: http://schmuck.shop.ebay.de/

21. Segalovich, Ilya: „A Fast Morphological Algorithm with Unknown Word Guessing Induced by a Dictionary for a Web Search Engine“. MLMTA-2003, Las Vegas. http://company.yandex.ru/articles/iseg-las-vegas.html

22. Spezialsuchmaschine für die Suche von Artikeln mit Tippfehlern: http://www.baysearch.de/

23. Spezialsuchmaschine in RSS-Feeds: http://glossa.fltr.ucl.ac.be/

24. Spezialsuchmaschine von Hotels Reviews und Ranking: www.trustyou.com

25. UNITEX: http://www-igm.univ-mlv.fr/~unitex/index.php?page=3

ANNEX A: Graphen und Konkordanzen

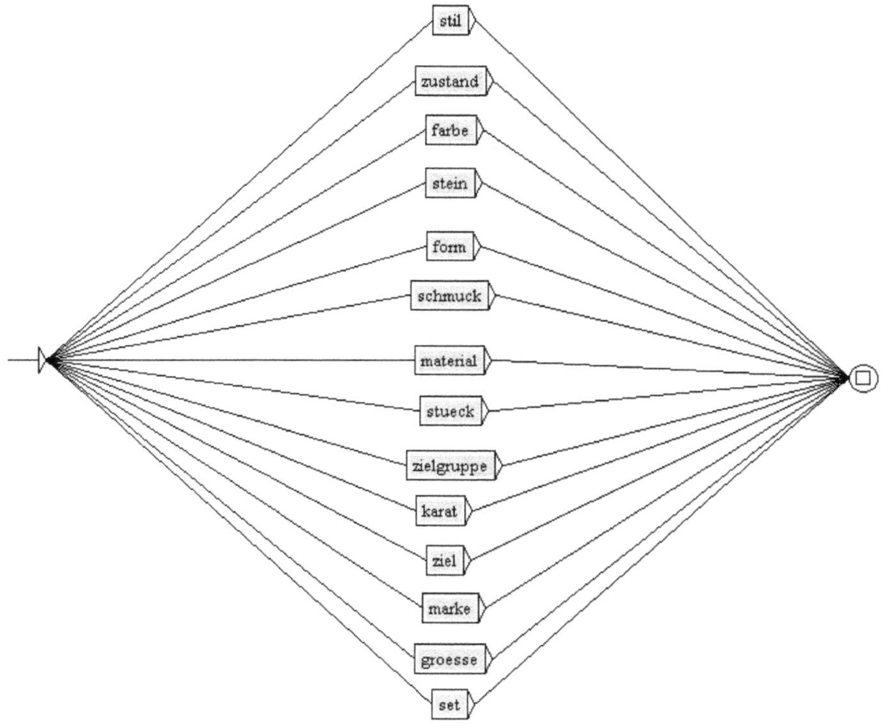

Abbildung 4: Supergraph

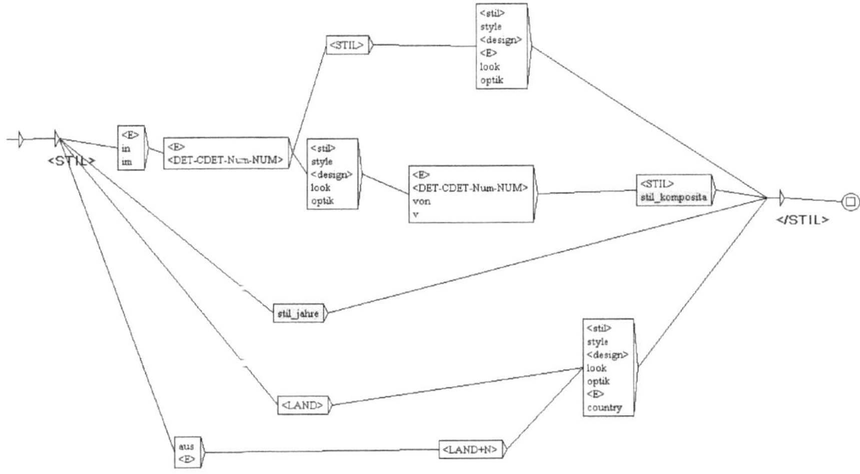

Abbildung 5: Stil-Graph

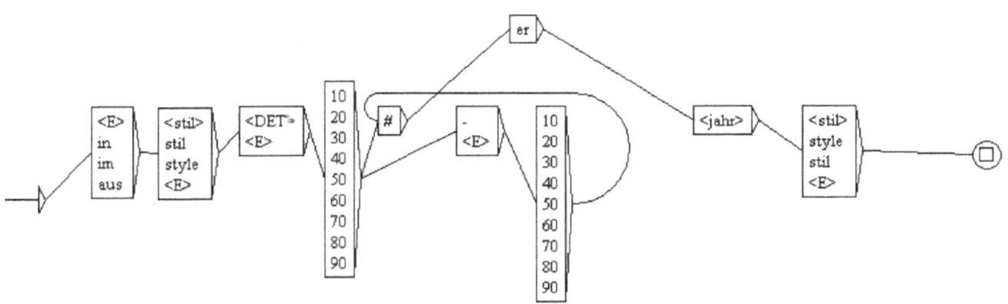

Abbildung 6: Stil_Jahre Graph:

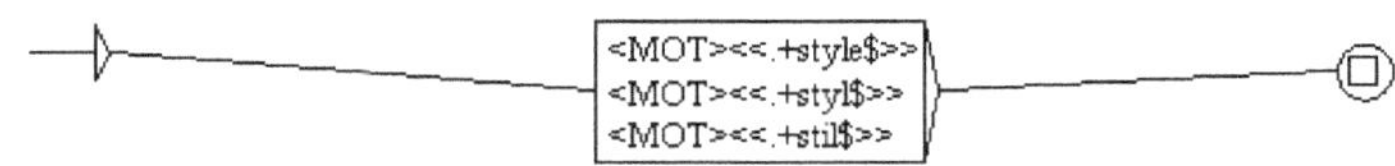

Abbildung 7: Stil_Komposita Graph

} omas alte ohrclips aus weissen perlen <STIL> 60er jahre </STIL>{S} omas mode schmuck uhren ri
smaragdfarbender strass <STIL> 50 60er jahre </STIL>{S} edle ohrhänger champagn er{S} edles arz weiß
bling ms121{S} ohrstecker holz <STIL> africa </STIL> stil{S} ohrstecker holz dreieck b ette holzkette
modeschmuck schmuckkette <STIL> afrikastyle </STIL>{S} kette holzkette modeschmu kette perlen
schmuck handarbeit unikat <STIL> afro </STIL>{S} afrika maasai ohrringe aus tanza en steine schmuck{S}
kleopatra ohrringe <STIL> agypt </STIL>{S} klinisches ohr thermometer firs inge zum anklipsen{S}
ohrclips ohrringe <STIL> ägypt </STIL> design modeschmuck{S} ohrclips ohr
uckperlen{S} original arabisches kostüm <STIL> aus ägypten </STIL> schal ohrringe{S} original a nerrot
gelb perlen haarschmuck{S} opal <STIL> aus australilen </STIL> ohrring opale australia
metallperlen spacer schmuck 7mm{S} 50x <STIL> antik </STIL> metall perle spacer metallperlen m ring
ohrringe 835 silber meistermar{S} <STIL> antik design </STIL> ohrringe 925 sterl silber a n ohrringe 925
modeschmuck ohrringe <STIL> antik look </STIL> rötlich neu{S} modeschmuck oh o
tropfen ohrhänger ohrringe <STIL> antikstyle </STIL> silber mit stein{S} tropfenfö e lang ohrclips{S} ohr
label{S} <STIL> asia </STIL> ohrringe motiv drache goldfarbend m ed siam{S} original swarovski
ohrhänger <STIL> asia style </STIL> neuwer{S} original swarovski asian schmuck tibet elefant $} st blue
angeles strass schmuckset <STIL> classic </STIL>{S} st milano blue strass schmuck kset bunte glasperlen
neu{S} schmuckset <STIL> classique </STIL> edel freude schenken zu ostern der{S} indianer
perlmutteinlage <STIL> countrystil </STIL>{S} 24 ringe fussschmuck fuss chmuck{S} ohrstecker triskele
silbertop <STIL> design gothic </STIL> larp kelten{S} ohrstecker an sony d ej625 kopfhörer
ohrstecker{S} <STIL> disco </STIL> ohrclips von lady lord mit überras
lb creolen modeschmuck{S} gold ohrringe <STIL> im biedermeierstil </STIL>{S} gold ohrringe myst erika
50er jahre{S} armband ohringe neu <STIL> im bollywood style </STIL>{S} armband ohrring ri dstein
perlen ohrringe{S} chic ohrringe <STIL> im boollywood stil </STIL> hippie bauchtanz s12 gendstil
ohrringe <STIL> im ethno look </STIL> türkis blau{S} originelle ki perlen bettelarmbänder nw{S}
halskette <STIL> im ethnomotiv </STIL> modeschmuck a hk011{S} des deschmuck a hk002{S} designer
rgoldet 93473{S} ohrringe adria koralle <STIL> im stil der 20er jahre </STIL> 0093{S} ohrringe t extra
brosche ohrstecker{S} damen uhr <STIL> im western look </STIL> indianerschmuck linedanc

Abbildung 8: Konkordanz vom Stil-Graph

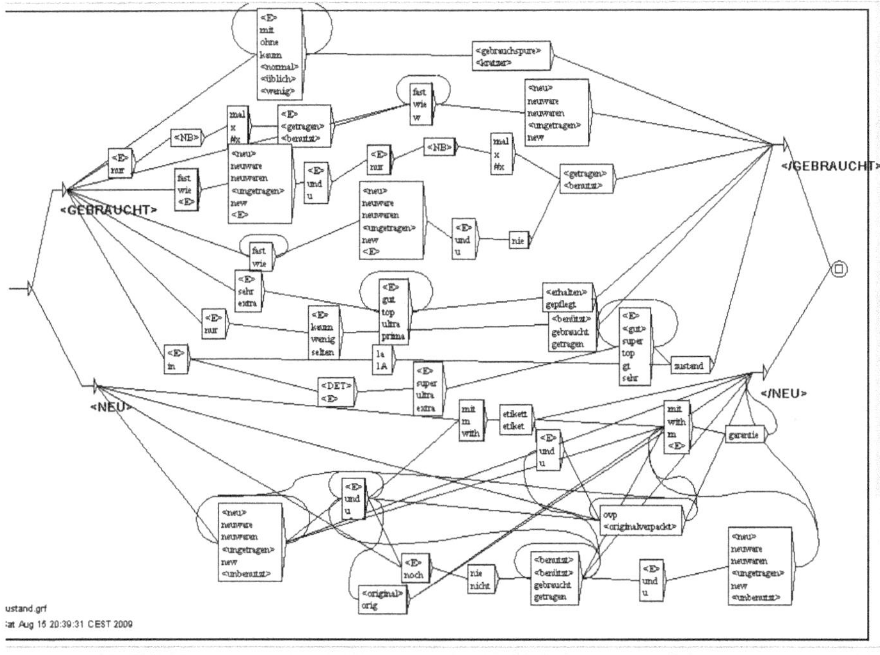

Abbildung 9: Zustand-Graph

len{S} pierre lang ohrstecker vergoldet <GEBRAUCHT>1 x getragen </GEBRAUCHT> neu ovp{S} pierre

judith neu{S} modeschmuck mind 20 teile <GEBRAUCHT>1a zustand </GEBRAUCHT> alles dabei{S}

mode nge 2 paar clips{S} ohrringe 2 paar h m <GEBRAUCHT>2x getragen wie neu </GEBRAUCHT>{S}

ohrring edelstahl damen{S} ohrringe pierre lang <GEBRAUCHT>fast neu </GEBRAUCHT>{S} ohrringe pl

ptik{S} 2 ohrringe hänger aus edelstein <GEBRAUCHT>getragen </GEBRAUCHT>{S} 2 ohrringe hänger

teile{S} modeschmuck ketten beige rosa <GEBRAUCHT>gut erhalten </GEBRAUCHT> sehr schön{S} m

t{S} konvolut modeschmuck teils silber <GEBRAUCHT>guter zustand </GEBRAUCHT>{S} konvolut mode

rlen älter{S} damen brosche modeschmuck <GEBRAUCHT>in sehr gutem zustand </GEBRAUCHT>{S}

damen en matt wie neu{S} pierre lang ohrringe <GEBRAUCHT>kaum getragen </GEBRAUCHT>{S} pierre

neu ovp super schick{S} fossil ohrringe <GEBRAUCHT>nur 1x getragen </GEBRAUCHT>{S} fossil ohrr

lber süss{S} fossil ohrringe silber 925 <GEBRAUCHT>nur selten getragen </GEBRAUCHT> 7cm set{S} }

ältere perlen ohrstecker perle ca 7mm <GEBRAUCHT>sehr gepflegt </GEBRAUCHT>{S} ältere perlen

e 8x ohrringe 2x ketten 2x broschen set <GEBRAUCHT>w neu </GEBRAUCHT>{S} 6x paar haarspange so

neu{S} ohrschmuck ohrstecker form eckig <GEBRAUCHT>wenig getragen </GEBRAUCHT>{S} ohrsch

design{S} kette 2broschen ohrclips <GEBRAUCHT>wie neu 1x getragen </GEBRAUCHT>{S} kette 3

t ohrringe ring{S} swarovski schmuckset <GEBRAUCHT>wie neu nur 5x getragen </GEBRAUCHT>{S}

blume{S} festliche ausgefallene ohrclip <NEU>m etikett ovp neu </NEU>{S} festlicher perlenschm

w star{S} iced out bling ohrstecker box <NEU>new </NEU> star gold{S} iced out bling ohrstecker

türki{S} armreif armspange modeschmuck <NEU>nie getragen </NEU>{S} armreif bernsteinoptik

mod tkette armband kette modeschmuck{S} 10x <NEU>neue </NEU> 925er silber ohrstecker ohrring

3mm p moderne top ohrringe sommer spezial{S} <NEU>neue unbenutzte </NEU> cartier ohrring box

mit au cartier ohrring box mit aussenbox 14{S} <NEU>neuen </NEU> silberschmuck weiß cz black men s

riginal fossil ohrstecker ohrring kreuz <NEU>neuware </NEU>{S} original fossil sammler schmuck neu{S}

swatch bijoux ohrstecker luludia <NEU>neuware ovp </NEU>{S} swatch bijoux ohrstecker sp

utel{S} highfield ohrstecker 925 silber <NEU>originalverpackt neu </NEU>{S} hilti diamant kern hren

fossil damenuhr schmuckband es1871 <NEU>ovp </NEU> uhr{S} uhren konvolut 7 stück modeschm

oldring mit steinen besetzt modeschmuck <NEU>ungetragen neu </NEU>{S} goldring perlen goldblät

r{S} d g ohrringe dolce gabbana creolen <NEU>ungetragen und neu </NEU>{S} d g ohrschmuck glitt

chmuck brosche herzchen anhänger{S} 2 x <NEU>ungetragener </NEU> schöner haarschmuck blau{S}

Abbildung 10: Zustand_Konkordanz

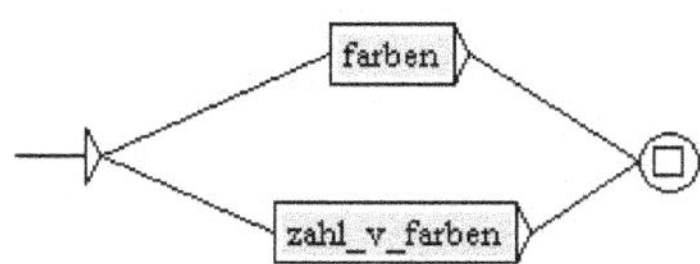

Abbildung 11: Farben_Supergraph

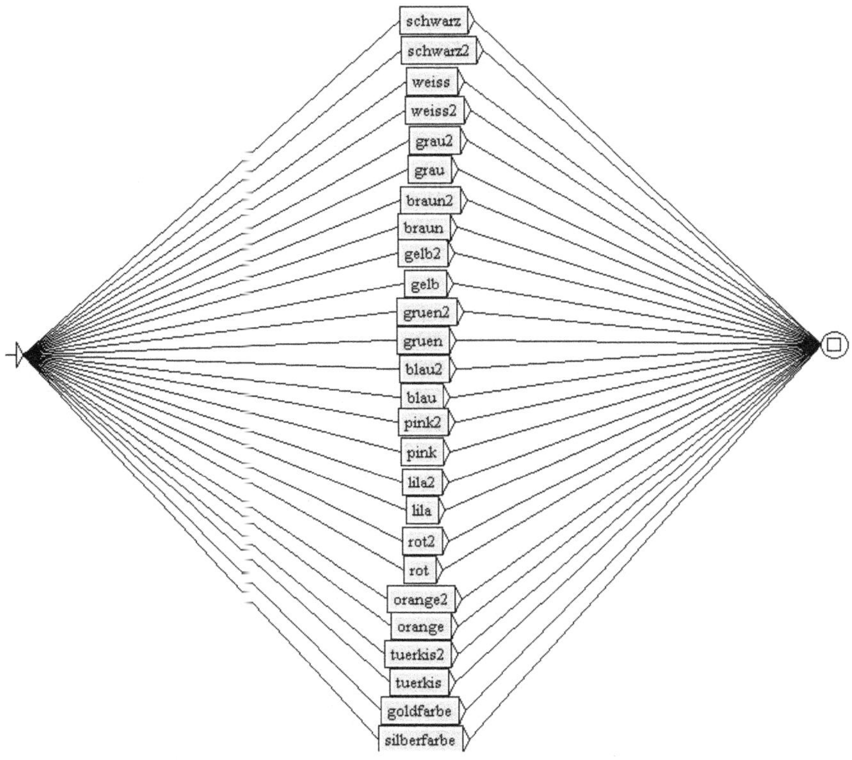

Abbildung 12: Verschiedene_Farben_Supergraph

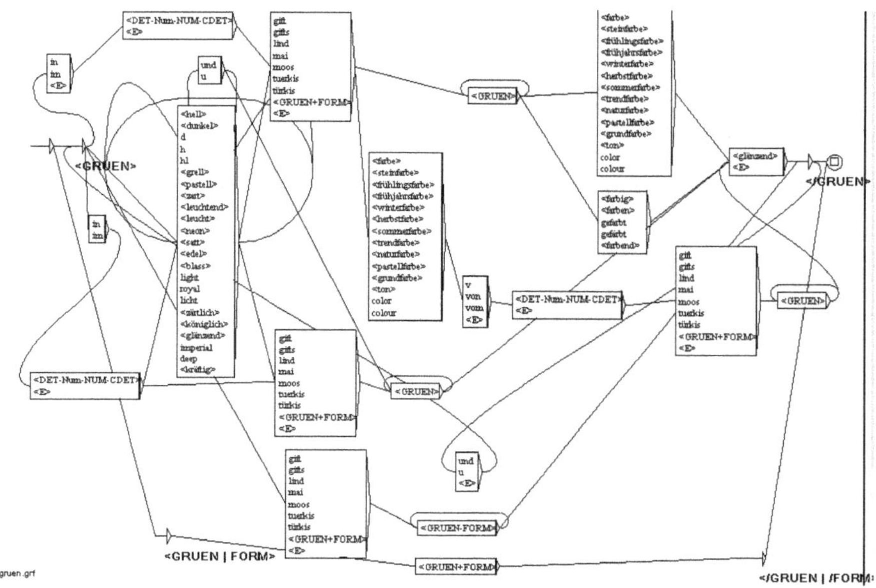

Abbildung 13: Grüne Farbe_Graph

d armband zum anbeisse ı armschmuck mode <GRUEN | FORM> apfel </GRUEN | /FORM>{S} adelheid
ohr kset halskette{S} exctik tahiti diamant <GRUEN | FORM> olive </GRUEN | /FORM> 14 2mm mk
n{S} ohrpendel original lampwork perlen <GRUEN> apfelgrün </GRUEN> neu{S} ohrpendel original la
und 925er silber{S} ohrstecker zirkonia <GRUEN> apfelgün </GRUEN> 9kt gold 430580{S} ohrstecker
neu 45021{S} top silber ohrstecker mit <GRUEN> apple green </GRUEN> diamonique rqw006{S} top s
{S} pauamuschel ohrstecker 925er silber <GRUEN> blaugrün </GRUEN> schimmernd{S} pauamuschel
ohr n zirkon halskette armband ohrring v{S} <GRUEN> edelsten grünen </GRUEN> china jade pair drop
o chm{S} ohrringe ohrhänger zirkonia rund <GRUEN> farbe grün </GRUEN> neu{S} ohrringe
ohrhängerpe er mario boo ghost ohrringe ohr ring{S} <GRUEN> giftgrüne </GRUEN> malachit ohrringe
art deco a nd zirkonias elegante ohrstecker 925{S} <GRUEN> green </GRUEN> beauty butterfly
ohrringe{S} gre ng{S} besondere ohrringe neu silber mit <GRUEN> grüntönen </GRUEN> nagelneu{S}
besondere tibet 1 paar ohrhänger glasperlen modeschmuck <GRUEN> helgrün </GRUEN>{S} 1 paar
ohrhänger glasperlen efasst 375 gold 9kt{S} ohrstecker stein <GRUEN> helloliv </GRUEN> mit strass 925
90104{S} ohrst rstecker bijou brigitte{S} gelbe plated <GRUEN> imperial green </GRUEN> ohrringe{S}
gelber saph nd in goldfarben modeschmuck{S} armband <GRUEN> in grün </GRUEN> modeschmuck
a tur{S} design collier ohrhänger armband <GRUEN> in lindgrünem </GRUEN> amazonit{S} design colli
ferbraun 8027{S} zuchtperlen ohrstecker <GRUEN> in maigrün </GRUEN> 8021{S} zuchtperlen ohrstec
braun{S} haarschmuck 2 samt haarbänder <GRUEN> in mint </GRUEN> und schwarz{S} haarschmuck 2
s 2{S} tahiti muschelkern perlen ohrringe <GRUEN> in moosgrün </GRUEN> 8566{S} tahiti muschelkern
t designer ohrringe daisy flash elegant <GRUEN> in oliv </GRUEN>{S} konplott designer ohrringe korativ
l{S} collier rohr flach gebogen <GRUEN> khakigrün </GRUEN> 50cm 00462{S} collier rohr in 925
silber{S} stern ohrhänger silber <GRUEN> lemon green </GRUEN> zirkonia ohrschmuck{S} ste rkonia{S}
exclusive ohrstecker gelbgold <GRUEN> lemon grün </GRUEN> zirkonia{S} exclusive ohrst rkonia{S}
exclusive ohrstecker weißgold <GRUEN> lemon grün </GRUEN> zirkonia neu{S} exclusive o t
emailliert{S} leoparden oł rstecker{S} <GRUEN> leuchtende grün </GRUEN> gelbe 1 70 ct topas oh n
neu ovp{S} ohrstecker swarovski perle <GRUEN> light green </GRUEN> neu ovp{S} ohrstecker swar
ecker light rose{S} konplott ohrstecker <GRUEN> lightgreen </GRUEN>{S} konplott ohrstecker mit ge
edel neu silber sixschmuck{S} schöne <GRUEN> smaragdgrünem </GRUEN> ohrringe{S} schöne smara
silber modeschmuck wie neu{S} h m kleid <GRUEN> türkis grün </GRUEN> passende ohrringe 38
boho{ te grüne jade dangle ohrringe sets v{S} <GRUEN> zarte grüne </GRUEN> jade ohrringe baumeln
sets lady nada{S} tachyon zirkonia ohrringe <GRUEN> zartgrün </GRUEN> raphael osam{S} tahiti

Abbildung 14: Konkordanz Grüne_Farbe

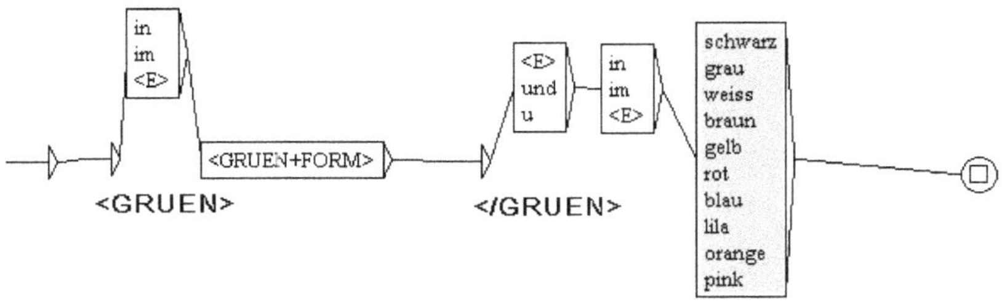

Abbildung 15: Grüne_Farbe 2 Graph

haarschmuck 2 samt haarbänder <GRUEN>in mint </GRUEN> und <SCHWARZ> schwarz </SCHWARZ>
ohrclips{S} modeschmuck ohrclips clips <GRUEN>mint </GRUEN> <WEISS> weiß </WEISS> neu und
ung tiv luxus{S} collier rohr flach gebogen <GRUEN>oliv </GRUEN> <WEISS> weiß </WEISS> 50cm mint
schmuck{S} collier rocaille glas <GRUEN>oliv </GRUEN><ORANGE> orang </ORANGE> schmuck{S
chmuck art armband gummizug glas orange <GRUEN>olive </GRUEN> <WEISS> weiß </WEISS> neu{S}

Abbildung 16: Konkordanz Grüne Farbe2

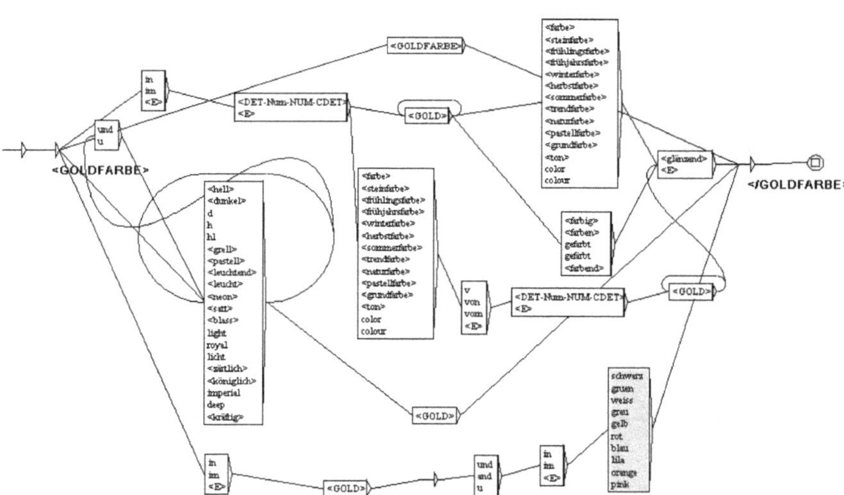

Abbildung 17: Golfarbe_Graph

lgielook im jugendstil 1950{S} ohrclips <GOLDFARBE> farbe gold </GOLDFARBE> pierre lang{S} ohr stein
nw{S} ohrringe stecker 5 5 cm neu <GOLDFARBE> farbe gold </GOLDFARBE> schwarz{S} ohrring nge
aus stierhorn mexican handicraft{S} <GOLDFARBE> glodfarbige </GOLDFARBE> ohrringe mit perl
ohrringe clips farbe <GOLDFARBE> gold </GOLDFARBE> und <GRUEN> grün </GRUEN> </GOLDFARBE>
berschmuck z{S} konvolut alter u neu pl <GOLDFARBE> gold farb </GOLDFARBE> schmuck {S} einzelner
ohrring halbrund <GOLDFARBE> gold farben </GOLDFARBE> gehämmerte optik{ rün rund{S} ohrclips
ohrringe ohr ringe <GOLDFARBE> gold farben </GOLDFARBE> von lr neu{S} ohr ing 17mm kette 2
ohrringe{S} schmuckset <GOLDFARBE> gold farbig </GOLDFARBE> evtl vergoldet ri bige ohrclips design
drei kreise pik{S} <GOLDFARBE> gold farbige </GOLDFARBE> ohrclips design hrstecker m diamonique
ygw015{S} silber <GOLDFARBE> gold farbige </GOLDFARBE> ohrclips design be dünn filigran
schmuck{S} armband wie <GOLDFARBE> gold goldene farbe </GOLDFARBE> edel chic elastisch
schmuck damen{S} armband wie <GOLDFARBE> gold goldene farbe </GOLDFARBE> dünn filig {S}
brosche broschen nadeln modeschmuck <GOLDFARBE> goldene farbe </GOLDFARBE>{S} brosche eife
ant topas ohrstecker neu{S} bezaubernde <GOLDFARBE> goldenf </GOLDFARBE> ohrhänger mit hellbla
mod ohrringe hänger ca 3 5 cm ohrhänger <GOLDFARBE> goldenfarbig </GOLDFARBE>{S} mode design
1 {S} ohrringe creolen stecker ohrstecker <GOLDFARBE> goldenfarbig </GOLDFARBE>{S} ohrringe creo
uckt 8{S} 1 paar goldfarbene ohrstecker <GOLDFARBE> goldenfarbige </GOLDFARBE> straßsteine{S}
ricarda m schmuckset collier armband{S} <GOLDFARBE> goldf </GOLDFARBE> creolen offen mit ohrst

Abbildung 18: Konkordanz Goldfarbe

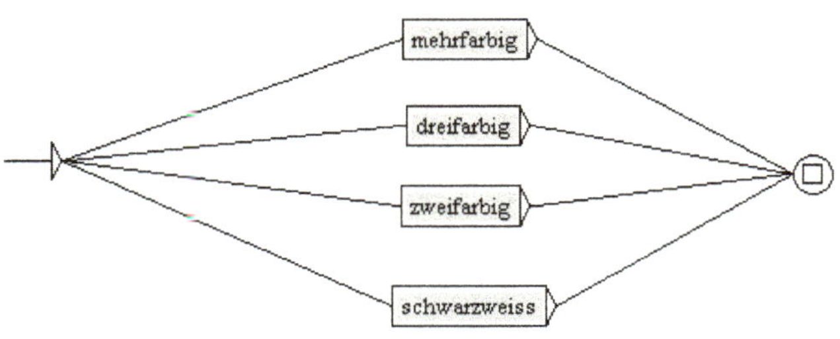

Abbildung 19: Anzahl von Farben Graph

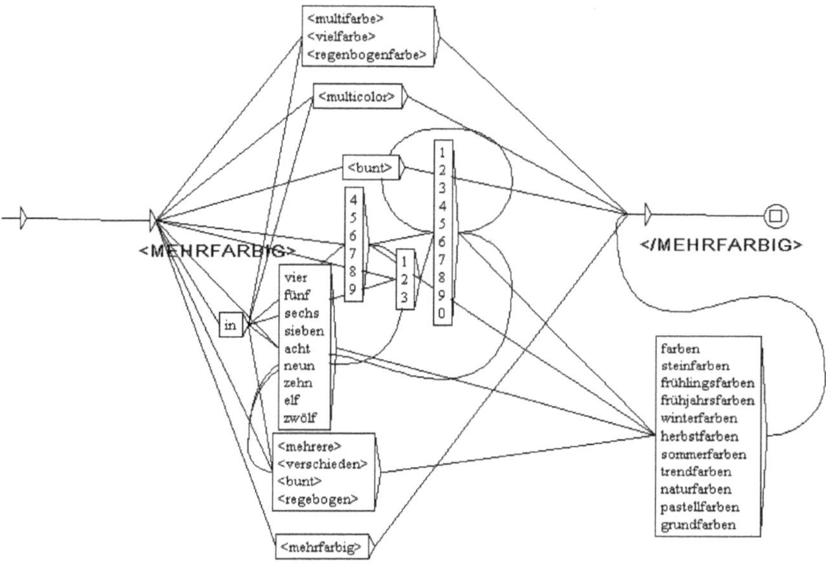

Abbildung 20: Mehrfarbig_Graph

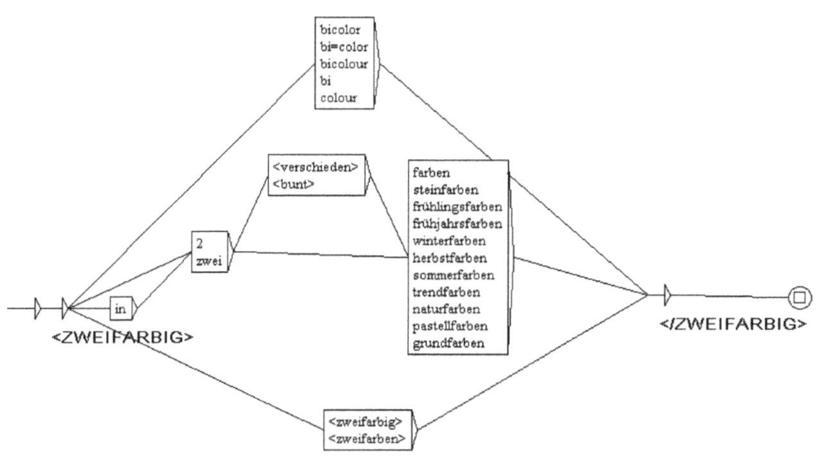

Abbildung 21: Zweifarbig_Graph

armband ohrring{S} set <SCHWARZWEISS>schwarz weiß </SCHWARZWEISS> ohrstecker wie neu{S}
bijou brigitte ohrringe <SCHWARZWEISS>schwarz weiß gestreift </SCHWARZWEISS>{S rund neu
schwarz ohrringe{S} <SCHWARZWEISS>schwarze und weiße </SCHWARZWEISS> perle a585 14 karat{S}
750er gold ohrstecker <SCHWARZWEISS>schwarze weisse </SCHWARZWEISS> brillant inge 585
weissgold sh2{S} pretty echten <SCHWARZWEISS>white black </SCHWARZWEISS> pearl ohrrin 30x
schmuckbox für armban armreif etui <DREIFARBIG> 3 farben </DREIFARBIG>{S} 30x zirkon cz
zi ohrringe herzform{S} hrringe herzform <DREIFARBIG> 3 verschiedene farben </DREIFARBIG>{S}
ohr gold{S} ohrringe ohrstecker 585er gold <DREIFARBIG> tricolor </DREIFARBIG>{S} ohrringe
ohrstec muschelkernperle ohrstecker 14kgf gold <MEHRFARBIG> 10 farben </MEHRFARBIG>{S} südsee
muschelk r chirurgenstecker medico mini ohrringe <MEHRFARBIG> 12farben </MEHRFARBIG>{S} 12
paar creolen S} swarovski kristall elegante ohrringe <MEHRFARBIG> 4 farben </MEHRFARBIG>{S}
hrringe{S} 6 paar ohrringe mit zirkonia <MEHRFARBIG> 6 versch farben </MEHRFARBIG> top neu{S}
6 her aus reiner seide{S} haarschmuck 2 x <MEHRFARBIG> buntes </MEHRFARBIG> haarband im retro
sty S} 12x glasring trend modeschmuck ring <MEHRFARBIG> in 12 farben </MEHRFARBIG> ring{S} 12x
gla silber to5b{S} sehr zarte s ohrstecker <MEHRFARBIG> in multicolor </MEHRFARBIG> echte steine{S
h tunnel schwarz 2452{S titan ohrringe <MEHRFARBIG> in regenbogenfarben </MEHRFARBIG>{S}
titan latt 925 silber{S} ohrstecker ohrhänger <MEHRFARBIG> in versch farben </MEHRFARBIG> schwarz
stimmungsschmuck ohrstecker <MEHRFARBIG> mehrere farben </MEHRFARBIG> möglich neu{S nge
holz grün{S} ohrclips ohrringe holz <MEHRFARBIG> mehrfarabig </MEHRFARBIG>{S} ohrclips ohrr
jamaika rasta{S} 1 paar schöne ohrringe <MEHRFARBIG> mehrfarbig </MEHRFARBIG> neu ehtno

Abbildung 22: Konkordanz Anzahl von Farben

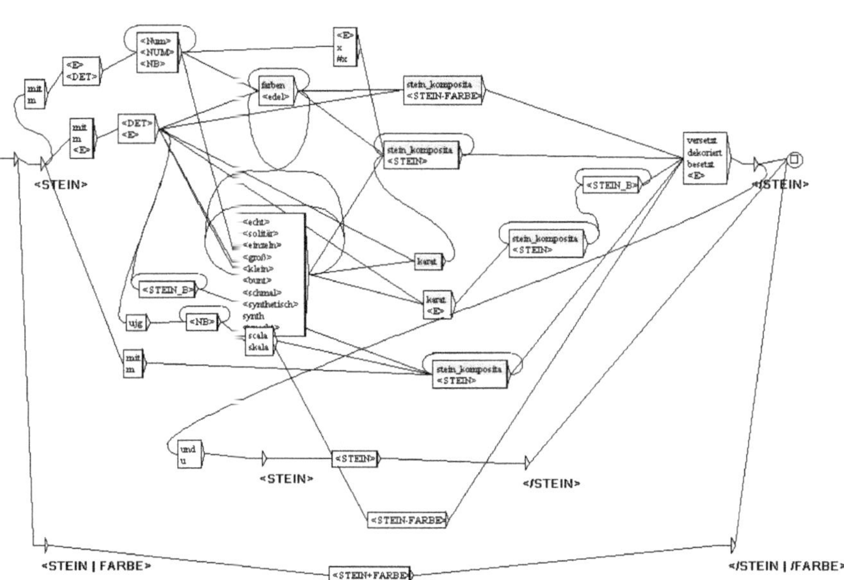

Abbildung 23: Stein_Graph

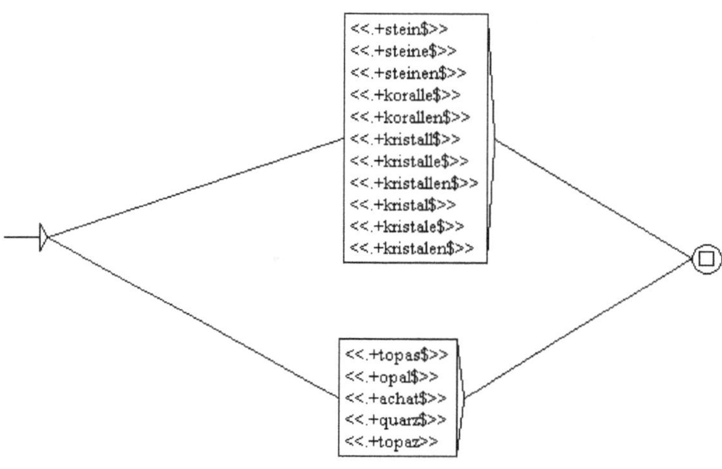
<<.+stein$>>
<<.+steine$>>
<<.+steinen$>>
<<.+koralle$>>
<<.+korallen$>>
<<.+kristall$>>
<<.+kristalle$>>
<<.+kristallen$>>
<<.+kristal$>>
<<.+kristale$>>
<<.+kristalen$>>
<<.+topas$>>
<<.+opal$>>
<<.+achat$>>
<<.+quarz$>>
<<.+topaz>>

Abbildung 24: Stein_Komposita_Graph

modeschmuck aus glas{S} <STEIN> <WEISS> white </WEISS> zirkonia </STEIN> modes ohrringe{S} tibet
silber schmetterling <STEIN> <WEISS> white </WEISS><PINK> pink </PINK>kristall </STEIN> {S} young
inspiration ohrstecker silber <STEIN> <GELB> champagner </GELB> brillant </STEIN>{S} strass 50 60er
jahre{S} edle ohrhänger <STEIN> <GELB> champagner </GELB> perle </STEIN>{S} turin citrin 925er
silber{S} ohrstecker <STEIN> aventurin edelstein </STEIN> schmuck neu{S} ohr l ohrhänger 4732{S} 925
silber herzform <STEIN> aventurine </STEIN> schwarz ohrring{S} 925 silb tecker creolen zur wahl gold
jvk 359{S} <STEIN> ujg 121 scala tansanit </STEIN> ohrstecker gold auner zirkon ohrstecker jvk euro
319{S} <STEIN> ujg 174 scala aquamarin brillant </STEIN> ohrst quamarin brillant ohrstecker jvk
569{S} <STEIN> ujg 174 scala zirkon brillant </STEIN> ohrsteck kon brillant ohrstecker jvk euro
659{S} <STEIN> ujg 183 scala aquamarin </STEIN> ohrstecker gol uamarin ohrstecker gold jvk euro
369{S} <STEIN> ujg 209 scala alexandrit brillant </STEIN> ohrs andrit brillant ohrstecker jvk 4
999{S} <STEIN> ujg 209 scala granat brillant </STEIN> ohrsteck farben nickelfrei{S} karneol
rauchquarz <STEIN> zuchtperlen </STEIN> ohrringe 8557{S} karneol t ugeln nickelfr kupfer{S} zierl
ohrringe <STEIN> mit granat </STEIN> und <STEIN> bergkristall </STEIN> farben wie neu{S}
modeschmuck ohrhänger <STEIN> mit großer perle </STEIN> neu{S} modeschmuck oh rei
verschlungenen ringen{S} ohrstecker <STEIN> mit echtem amethyst </STEIN> aus 925 sterling s d neu
wert 190{S} delfin ohrstecker 925 <STEIN> mit echtem bernstein </STEIN>{S} delfin ohrstec t aus 925
sterling silber{S} ohrstecker <STEIN> mit echtem citrin </STEIN> 925 sterling silber{ ia goldfarben{S}
pierre lang ohrstecker <STEIN> mit <GRAU> silbergrauer </GRAU>kunstperle </STEIN> en kugeln 925
silber{S} schöne ohrringe <STEIN> mit <LILA> fliedernen </LILA> perlen </STEIN> d ungetragen{S} trend

Abbildung 25: Konkordanz Stein

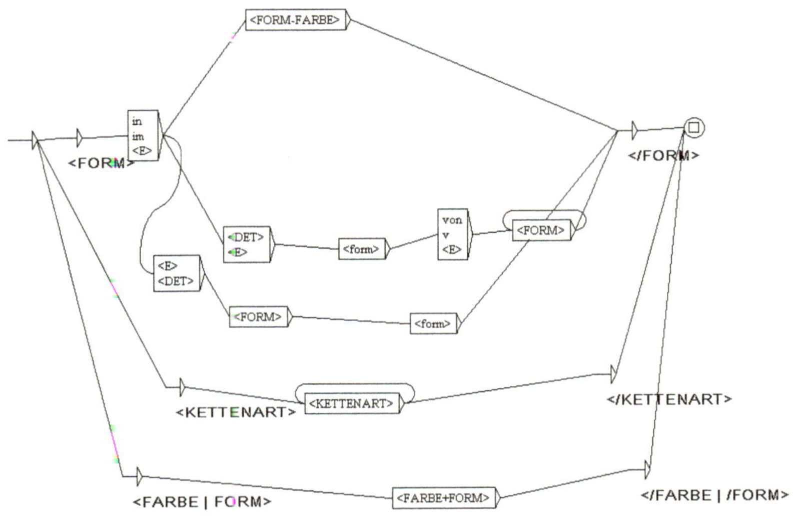

Abbildung 26: Form_Graph

vg goldf bunt eloxal modeschmuck{S} t10 <KETTENART>anker </KETTENART> collier armband verg tra
nd silberschmuck{S} schmuck fußkettchen <KETTENART>doppel anker </KETTENART> kugel
ung anhänger goldschmuck 333 schmuck{S} <KETTENART>glieder </KETTENART> kette silberf
chmuck armband kette{S} schmuck armband <KETTENART>kobra </KETTENART> 4x diamantiert 925
silber 6 mm 23 cm herren schmuck neu{S} <KETTENART>königs </KETTENART> armband 925 silber
r adler 333 gold glänzenc{S} ohrstecker <FORM> adlerkopf </FORM> 925 silber 92251{S} ohrstecker
tein artdeco 1930{S} ohrring silber 925 <FORM> affe </FORM>{S} ohrring silber 925 sterling mit
ecker 26777{S} schmuck tter 925 silber <FORM> amorpfeil </FORM> ohrstecker 27632{S} schmuck it
hrringe sterne{S} silberwerk ohrstecker <FORM> ampelmännchen </FORM> silber 925 neu{S} silberwe
rbe schwarz piercing lippe ohr{S} 1 2mm <FORM> banane </FORM> stahl bunte acryl spitze piercing
arp st 85{S} bvb ohrringe silber 925{S} <FORM> bär </FORM> und hut brosche mode schmuck{S} teddy
ohrringe kitsch 80er emo cosplay <FORM> bärchen </FORM> lila{S} teddy zotty de steiff kn
dschmuck{S} 2 bunte große ohrringe{S} 2 <FORM> bären </FORM> kinder haarspange haarschmuck
bär cker 925er silber{S} hübsche ohrstecker <FORM> in bärchenform </FORM> silberfarben{S} hübsche
o segold handmade 1aaa{S} schöne ohrringe <FORM> in blattform </FORM> modeschmuck{S} schöne
ohrri rz siam{S} ohrringe in blau{S} ohrringe <FORM> in blumenform </FORM> mit anhängendem
er silberfarben{S} hübsche ovp ohrringe <FORM> in form von flügeln </FORM>{S} hübsche perlen oh
nger orientalisch angehaucht{S} ohrring <FORM> in gitarrenform </FORM>{S} ohrring indianerfeder
ohrclips ohrringe ohrstecker mit perle <FORM> in herz form </FORM>{S} ohrclips ohrringe orient

Abbildung 27: Form_Konkordanz

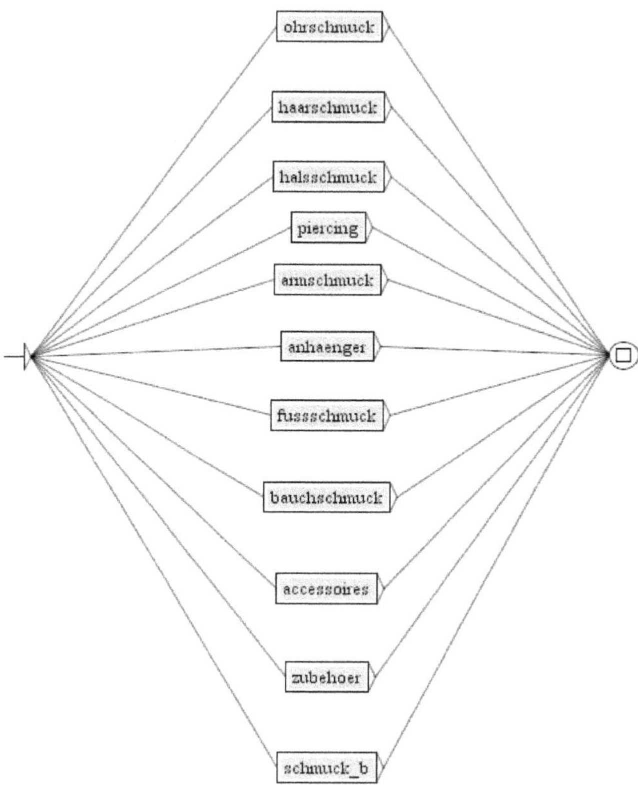

Abbildung 28: Schmuck_Graph

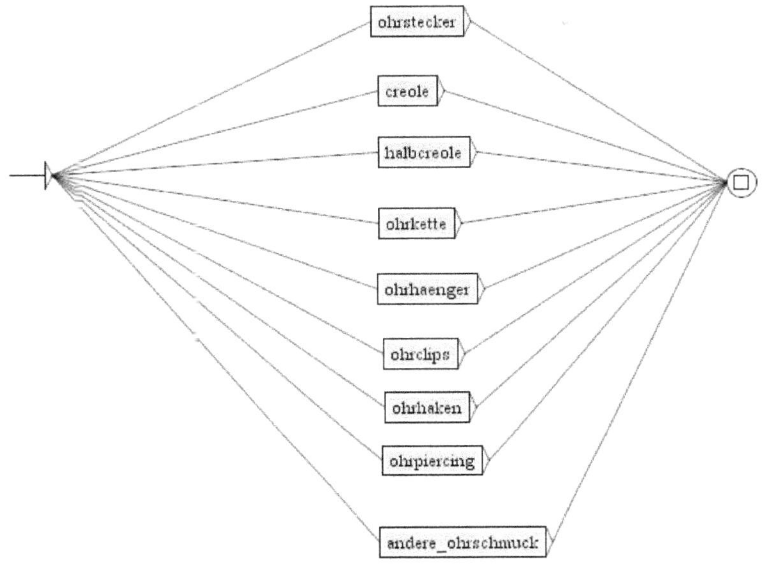

Abbildung 29: Ohrringe_Graph

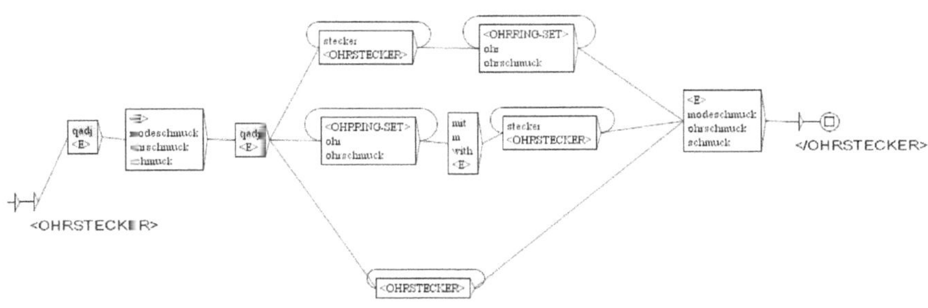

Abbildung 30: Ohrstecker_Graph

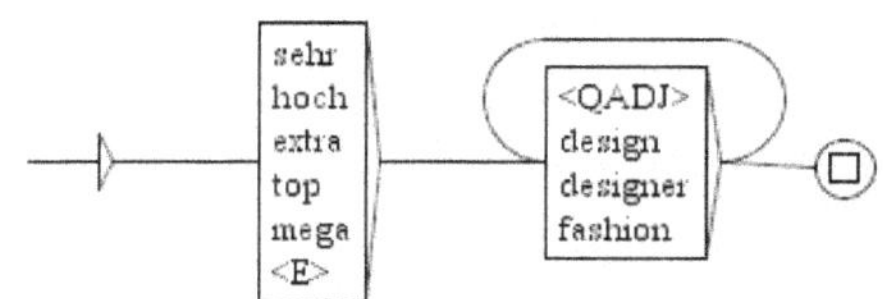

Abbildung 31: Qualitätsadjektive

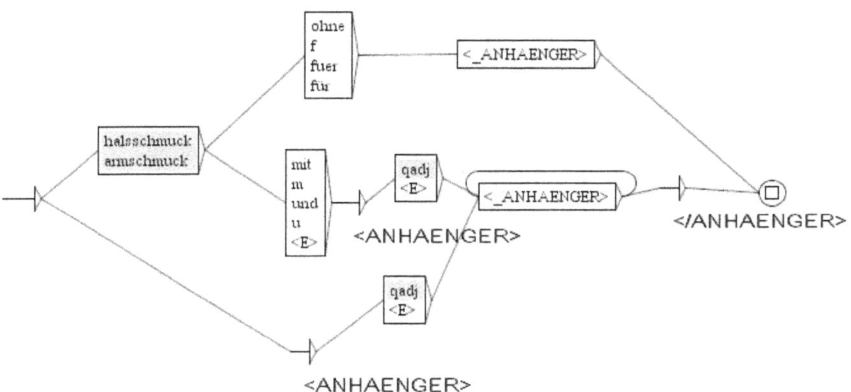

Abbildung 32: Anhänger_Graph

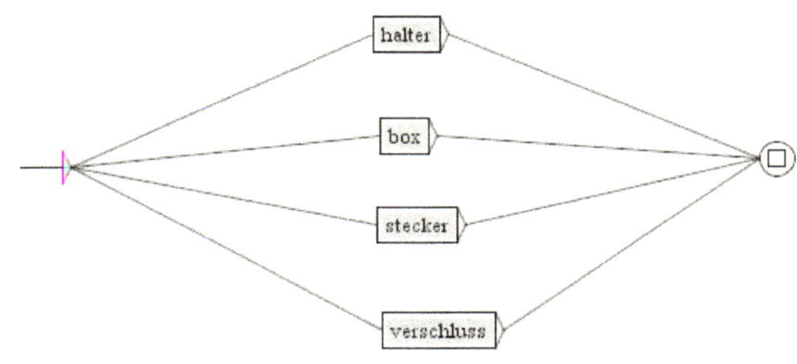

Abbildung 33: Zubehör_Graph

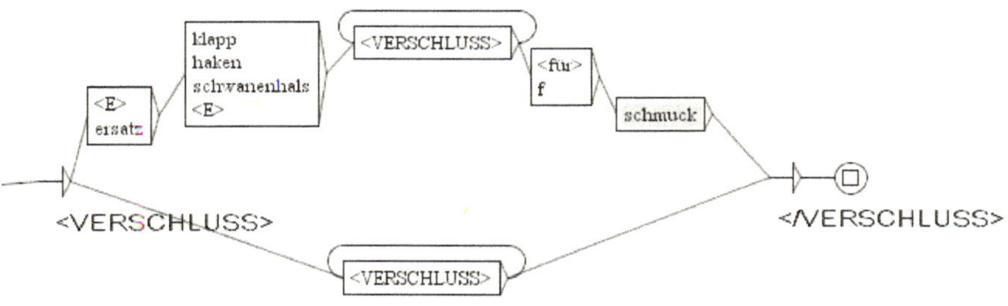

Abbildung 34: Graph_Verschluss

ibet silberschmuck anhänger lapislazuli <AMULETT>amulet </AMULETT>{S} tibet silberschmuck
ahlschmuck{S} kette mit edelstahl gecko <AMULETT>amulette </AMULETT> edelstahlschmuck{S} kette
ring und schmuckteile{S} charm anhänger <AMULETT>bettelamulett </AMULETT> 925 silberschmuck fl
sil lg ohrringe{S} winx club magisches <AMULETT>herzamulett </AMULETT> modeschmuck{S} amethyst
schmuckset 3 teile{S} <ANHAENGER>amethystanhänger </ANHAENGER> schlangenkette
dose für süße mädchen kette armband{S} <CREOLE>top schöne creolen ohrringe </CREOLE> in orange
clips karneval emo boho vintage neu{S} <CREOLE>schöne ohrringe creolen </CREOLE> silber zara p
intimschmuck silber intimclip 1804{S} <CREOLE>sexy creolen ohrringe </CREOLE> silber breit t S} super
chic ohrstecker in herzform{S} <CREOLE>super creolen </CREOLE> 3 3 cm ohrringe gold 5
ohrringe 333 gold gest v christ{S} <CREOLE>wunderschöne creolen ohrschmuck ohrringe </CREOLE>
wandkarte vom ohr des menschen{S} alte <CREOLE>zierliche ohrringe creolen </CREOLE> mit
ürliche rosa ohrringe l{S} neuheit twin <HAARCLIPS>hair clip haarschmuck </HAARCLIPS> haarspange
haare modeschmuck{S} 2 <HAARGUMMI>haargummis zopfgummi haarschmuck </HAARGUMMI>
er ring h m silber gr 18 modeschmuck{S} <HAARREIF>schöner haarreifen haarschmuck </HAARREIF> s
litzerschmuck mit swarovski perlen v{S} <HAARREIF>zauberhafter kopfschmuck haarreif </HAARREIF>
silberne ohrclips np 925er{S} <HAARSCHMUCK>ausgefallener haarschmuck </HAARSCHMUCK>
er{S} neu bettelkette modeschmuck lange <HALSKETTE>hals kette schmuck </HALSKETTE>{S} neu bett
rringe{S} tibet schmuck 4 reihen türkis <HALSKETTE>hals ketten </HALSKETTE> collier{S} tibet s e
ohren{S} halsband armreif ohrringe{S} <HALSKETTE>halsband </HALSKETTE> mit ohrringe{S}
hrstecker zum anzug kleid{S} sexy leder <HALSKETTE>hals kette </HALSKETTE> ohne anhänger

Abbildung 35: Schmuck_Konkordanz

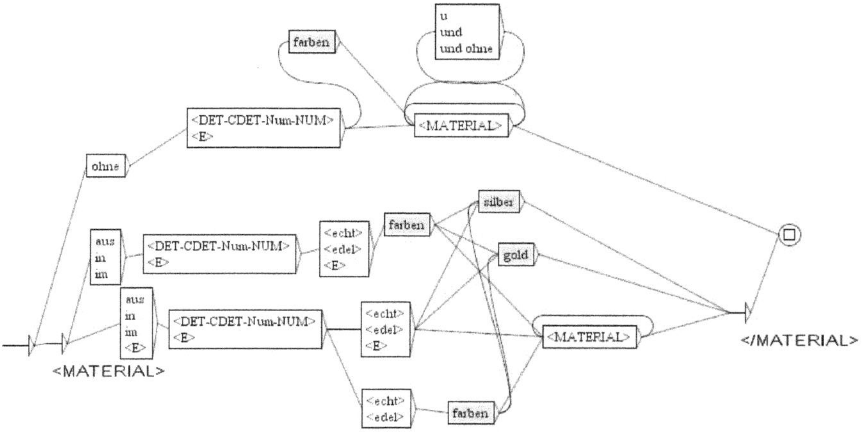

Abbildung 36: Material_Konkordanz

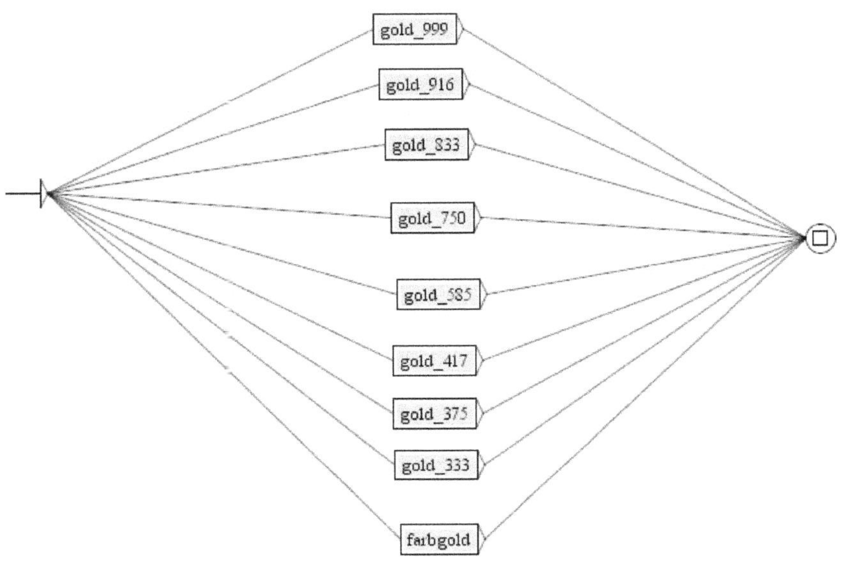

Abbildung 37: Gold_Graph

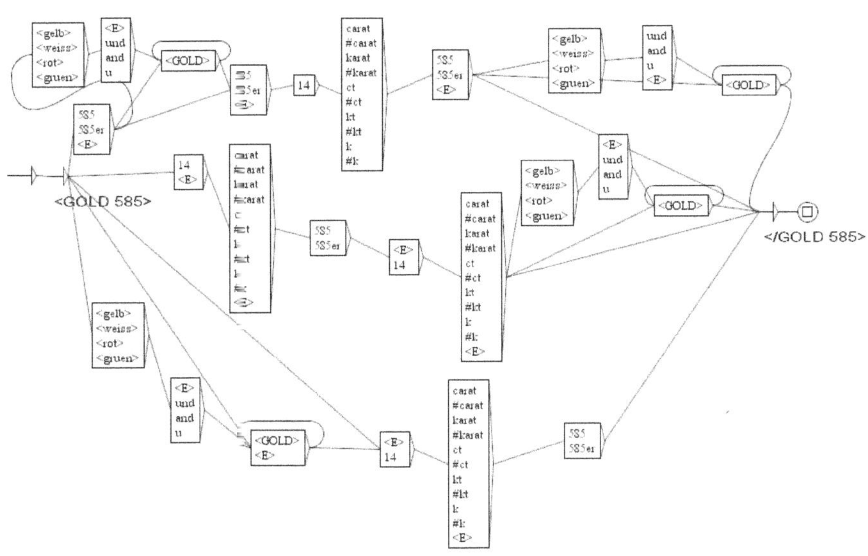

Abbildung 38: Gold585_Graph

ohrclips gekreuzt <MATERIAL> <GELBGOLD> gelb gold </GELBGOLD> </MATERIAL> {S}
375 000 <MATERIAL> <GELBGOLD> gelbgold </GELBGOLD> </MATERIAL>
anhänger ohrring{S} bezaubernde <MATERIAL> <GELBGOLD> gg </GELBGOLD> </MATERIAL> diaman
{S} ohrringe <MATERIAL> <GOLD 333> 333 8 kt gold gelbgold</GOLD 333> </MATERIAL> old zirkonia
halbcreolen{S} ohrstecker <MATERIAL> <GOLD 333> 333 er gold</GOLD 333> </MATERIAL> cht gold
ohrringe mit je 1 diamanten{S} <MATERIAL> <GOLD 333> 333 er</GOLD 333> </MATERIAL> cre
are elegante ohrstecker mit lapislazuli <MATERIAL> <GOLD 333> 333 gg</GOLD 333> </MATERIAL>{S}
zirkonia quadrat gefasst <MATERIAL> <GOLD 333> 333 gold 8kt</GOLD 333> </MATERIAL> hmuck 333
585 16 7 gramm{S} goldschmuck <MATERIAL> <GOLD 333> 333 gold altgold</GOLD 333> </MATERIAL>
schmuckset kette armband ring <MATERIAL> <GOLD 585> 585er weissgold</GOLD 585> </MATERIAL>
old saphir brillant ohrstecker 4 0ct{S} <MATERIAL> <GOLD 585> 585er</GOLD 585> </MATERIAL> schm
29{S} edle tourmalin ohrstecker 0 36 ct <MATERIAL> <GOLD 585> gg 585</GOLD 585> </MATERIAL> bri
20 mm 2 mm dick ohrringe <MATERIAL> <GOLD 585> gold 14 kt</GOLD 585> </MATERIAL>
da ohrringe zuchtperle mit turmalin rot <MATERIAL> <SILBER 925> 925 er </SILBER 925> </MATERIAL>
ohrringe ohrstecker rund <MATERIAL> <SILBER 925> 925 er silber </SILBER 925> </MATERIAL>
ohrstecker perle 0 5 cm <MATERIAL> <SILBER 925> 925 er sterling silber </SILBER 925> </MATERIAL>
} playmobil ohrringe{S} plug 24mm braun <MATERIAL> wood holz </MATERIAL> ohrschmuck{S} plug aus
e98{S} ohrhänger holz ohrringe earring <MATERIAL> wood silver silber </MATERIAL> e120{S} ohrhä
ohrstecker stecker ohrringe ocker gelb ohne metall{S} 0139 herrenschmuck panzerarmband in gold
ohrclips clip klip clips ohrringe gold ohne metall{S} 245g gramm 333er bruchgold altgold golds

Abbildung 39: Material_Konkordanz

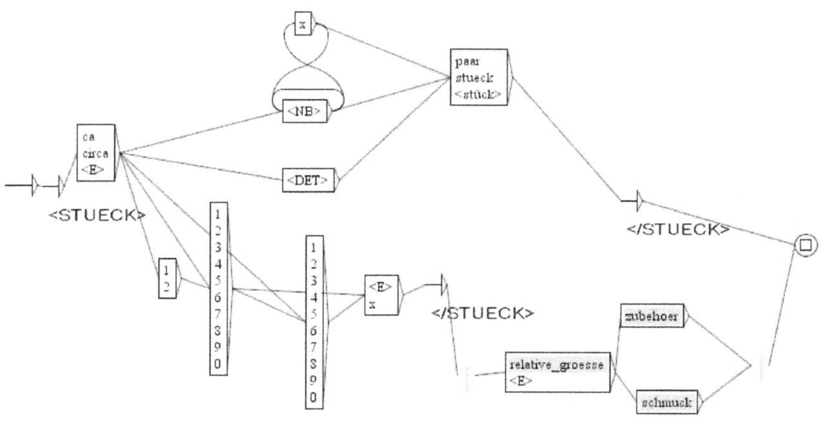

Abbildung 40: Stück_Graph

tecker stern star rockabilly 1330150{S} <STUECK>1 paar</STUECK> ohrstecker würfel mini dice roc
{S} 1 stck armreif damen modeschmuck{S} <STUECK>1 stck</STUECK> ohrring ohrhänger indisch lang
ohrclip messingfarben lila perlen stäbe <STUECK>1 stück</STUECK>{S} ohrclip mit je 2 steinen st muck
kette halskette mit gräte fisch{S} <STUECK>1 x</STUECK> modeschmuck kette halskette mit sc tiv set
bemale deinen schmuck perlen{S} <STUECK>1 x</STUECK> modeschmuck kette halskette mit
dr stecker{S} 10 paar schöne ohrringe 3{S} <STUECK>10 paar</STUECK> schöne ohrringe 4{S} 10 paar s e
ohrhänger mix stein 28x 10mm blitz{S} <STUECK>10 x paar</STUECK> ohrringe ohrhänger mix stein
rfedern ohrringe schwarz 33mm metall{S} <STUECK>10 x</STUECK> ohrringe ohrhaken ohrfedernr
ohrringe mit rot emailliertem herz{S} <STUECK>100paar</STUECK> sehr schöne silberne ohrringe{ color
großhandel agate ringe schmuck{S} <STUECK>100stk</STUECK> quetschperlen bronze perlen
sch swarovski 1 4cm saphir modeschmuck{S} r<STUECK>10</STUECK> ring mit swarovski 1 4cm aqua
modes l ring ohr intim brust piercing bc01{S} <STUECK>10paar</STUECK> mini ohrstecker brilli
er ohrstecker mit rotem kristall{S} orw <STUECK>ein paar</STUECK> 925 silber ohrstecker mit wei n
ohrringe auffallend klasse 925silb{S} <STUECK>vier paar</STUECK> süße ohrstecker kristalle li n{S} zwei
ohrstecker mit einer kette{S} <STUECK>zwei paar</STUECK> modische ohrclips{S} zwei si

Abbildung 41: Stück_Konkordanz

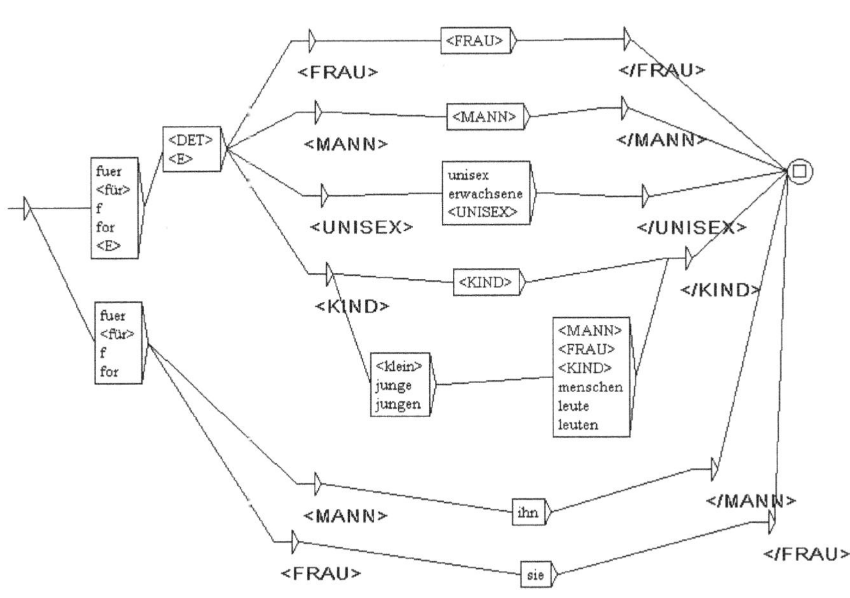

Abbildung 42: Zielgruppe_Graph

trass silber pl schmuck{S} kabinettfoto <FRAU> dame </FRAU> mit haarschmuck im miederkleid 1900
inge für 199{S} modeschmuck posten 1000 <FRAU> damen </FRAU> halsketten für 150{S}
edelstahl schmuck ohrringe ohrstecker <FRAU> female </FRAU> silber{S} edelstahl schmuck ohrri
teilvergoldet neu{S} heyer hans 1909 85 <FRAU> frau </FRAU> mit trachtenschmuck 380{S} hibiskus
bendkleid und mit perlenschmuck 1904{S} <FRAU> frauen </FRAU> feinen schmuck schwarze perle
rin modeschmuck anhänger{S} mädchenschmuck <FRAU> frauenschmuck </FRAU> ohrstecker silber rot
neu{ biker{S} franklin mint schmuck armreif <FRAU> ladies </FRAU> harley davidson{S} fransen gardin
rm mit strass steinen{S} ohr ringe lord <FRAU> lady </FRAU> gold silber mode schmuck italy
83{S chmuckset holzkette ohrclips{S} fashion <FRAU> woman </FRAU> schmuckset holzkette
ohrhänger{S} schmuck wirklich weiße perle armband{S} <FRAU> women </FRAU> s set halskette
rschmuck{S} schmuck anhänger zur geburt <KIND> baby </KIND> silberschmuck{S} schmuck anstecker
ee t 748{S} der hase mit dem halben ohr <KIND> boy </KIND> lornsen{S} der herr der ohrringe myk 2
paar sexy ohrhänger ohrringe h m six <KIND> girls </KIND> only neu{S} 2 paar silberfarbene o pi{S}
ohrclips goldfarben wie gehämmert <KIND> guy </KIND> laroche paris{S} ohrclips goldfarbig 10 teiliger
modeschmuck für kinder und <KIND> jugendliche </KIND>{S} 10 teiliger modeschmuck k fin neu{S}
kinder haarschmuck{S} kinder <KIND> jugendschmuck </KIND> kropfband armband schmuck{
e für mann{S} ohrringe für mädchen oder <KIND> junge damen </KIND> 6 paar neu silber{S} ohrring ace
ohrhänger mit swarovski herz neu{S} <KIND> junge frau </KIND> im gelben kleid mit passendem et
margeriten accessoires kette armband <KIND> mädche </KIND>{S} schmuck set marienkäfer access
chmuckketten ohrringe clips perlen{S} 2 <KIND> mädchen </KIND> stirnband baby kleidung band haa ck
neu{S} 2 fußketten gold silberfarben <KIND> teenieschmuck </KIND>{S} 2 glitzerhaarspangen pl ar
ohrhänger{S} set accessoires mädchen <KIND> teens </KIND> sonnenbrille ohrringe{S} set ameth nenya
galadriel schmuck anhänger 925{S} <MANN> herr </MANN> der ringe ohrringe{S} herr der ring

Abbildung 43: Zielgruppe_Konkordanz

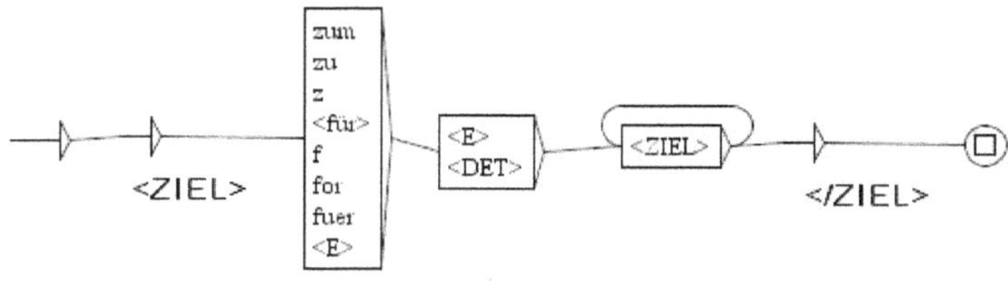

Abbildung 44: Ziel_Graph

indien{S} bollywood collie schmuckset <ZIEL> bauchtanz </ZIEL> indien kolonial{S} bollywood c te uhr
edelstahlarmband oder oh ring{S} <ZIEL> bettel </ZIEL> armband boho dunkelblau modeschmu
hmuck diadem tiara für hochzeit{S} d023 <ZIEL> braut </ZIEL> diadem tiara f hochzeit hochzeitss S}
strass schmuckset collier travestie <ZIEL> braut hochzeit </ZIEL> neu{S} strass schmuckset e silber und
echt schön th045{S} blüte <ZIEL> brauthaarschmuck </ZIEL> brautschmuck mit steckk it{S} kommunion
haarschmuck kopfschmuck <ZIEL> communion communions </ZIEL>{S} kommunion haarsc p halstuch{S}
trachtenschmuck edelweiss <ZIEL> dirndl tracht </ZIEL> armband{S} trachtenschmuck nament{S}
trachtenschmuck anhänger herz <ZIEL> dirndl tracht </ZIEL> für tuch{S} trachtenschmuc perlen antik{S}
kette modeschmuck 1970 <ZIEL> dirndl trachtenschmuck </ZIEL> blätter{S} kette len tiefrote gro
ohrringe 925 silber{S} <ZIEL> erstkommunion </ZIEL> diadem haarschmuck kommuni S} charivari
schariwari trachtenschmuck <ZIEL> f dirndl </ZIEL> lederhose{S} charivari trachten hrschmuck in
altsilber{S} trachtenkette <ZIEL> f dirndl trachtenschmuck </ZIEL> kette neu{S} tr lber jade schmuck
armband{S} paket deko <ZIEL> f hochzeit </ZIEL> haarschmuck braut röschen per für hochzeit{S} d023
braut diadem tiara <ZIEL> hochzeit hochzeitsschmuck </ZIEL>{S} d02f12 di cker brosche kultiger
schmuck für texas <ZIEL> ans </ZIEL>{S} textilband mit goldf massiven an neu ovp{S} perlen ohrringe
70iger lila <ZIEL> fasching </ZIEL>{S} perlen ohrringe in grün supchöne paar jade ohrring{S} herz 2
teile <ZIEL> freundschaft </ZIEL> anhänger modeschmuck{S} her } schmuck itter 925 silber armband
best <ZIEL> friend </ZIEL> 25790{S} schmuck itter 925 silber vergold{S} ohrringe silber 925
schnecke <ZIEL> fruchtbarkeit </ZIEL> méxico{S} ohrringe silber ohrringe echt silber{S} tolle
ohrringe <ZIEL> für bauchtanz </ZIEL> goldfarben{S} tolle ohrrin ings haarspangen haarschmuck wie
neu{S} <ZIEL> für braut hochzeit </ZIEL> haarschmuck 11 teile d hochzeit{S} haarschmuck
perlenschmuck <ZIEL> für die braut </ZIEL> frisur ovp{S} haarschmuck chleier hochzeitsschmuck{S}
haarschmuck <ZIEL> für die braut </ZIEL>{S} haarschmuck für die bra die braut 6 kleine rosen{S}
haarschmuck <ZIEL> für die braut </ZIEL> kopfschmuck weiß mit perle aarschmuck für die braut{S}
haarschmuck <ZIEL> für die braut </ZIEL> 6 kleine rosen{S} haarschm ück{S} haarschmuck diadem mit
diorrosen <ZIEL> für die hochzeit </ZIEL>{S} haarschmuck diadem t ion weiß 217{S} haarschmuck
kopfschmuck <ZIEL> für die kommunion </ZIEL>{S} haarschmuck kopfsch muck uhr{S} neu kopfschmuck
haarschmuck <ZIEL> für die kommunion </ZIEL> neu{S} neu kurzes brau

Abbildung 45: Ziel_Konkordanz

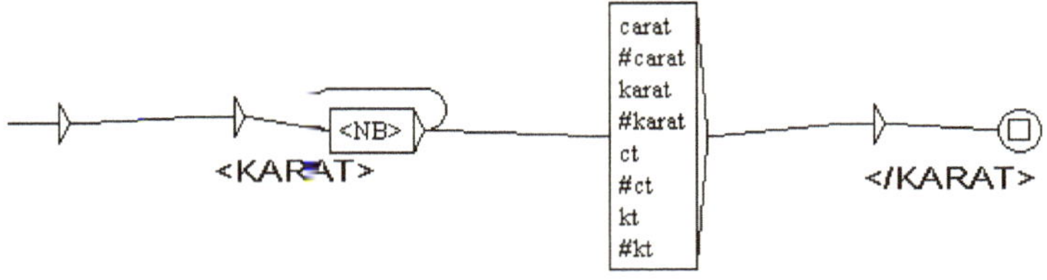

Abbildung 46: Karat_Graph

```
{S} ohrstecker 585weissg mit brillanten <KARAT> 0 67 karat </KARAT> si{S} ohrstecker 585wg mit
 0ct gg 9ct{S} gold ohrstecker tansanit <KARAT> 0 6ct </KARAT> gg 10ct einzelstück{S} gold perl
er zirkonia{S} gold ohrstecker amethyst <KARAT> 0 6ct </KARAT> gg 10ct einzelstück{S} gold ohrs
ringe ohrstecker{S} ohrringe ohrstecker <KARAT> 0 7 carat </KARAT> brillant 585 gold{S} ohrring
t si{S} ohrstecker 585wg mit brillanten <KARAT> 0 70 karat </KARAT> reinheit si{S} ohrstecker 5
 750er gold ohrstecker{S} wertvolle mod <KARAT> 0 70ct </KARAT> brillant gold ohrstecker creole
ecker mit turmalin{S} its magic saphire <KARAT> 0 72 ct </KARAT> 585er gold ohrstecker{S} iv ha
en 18k gold 1 600{S} diamant ohrstecker <KARAT> 0 73carat </KARAT> brillanten gelbgold 3 700{S}
tikschmuck gelbgold platin diamant ring <KARAT> 0 74ct </KARAT> 2 200{S} antikschmuck granatsch
eissgold{S} diamant ohrstecker weißgold <KARAT> 0 75 ct </KARAT> sil zert 4180{S} diamant onyx
S} x1000top brillant solitär ohrstecker <KARAT> 0 75 ct </KARAT> in 585 gg{S} x102 top blaue op
 stilvolle ohrstecker 925 silber citrin <KARAT> 0 76ct </KARAT>{S} capali stilvolle ohrstecker
dle silber ohrstecker mit echtem saphir <KARAT> 0 78 ct </KARAT>{S} sehr edle silber ohrstecker
tilvolle ohrstecker 925 silber amethyst <KARAT> 0 78ct </KARAT>{S} capali stilvolle ohrstecker
sse opal ohrstecker 925{S} top elegante <KARAT> 0 7ct </KARAT> grosse rubin ohrstecker 925{S} t
se rubin ohrstecker 925{S} top elegante <KARAT> 0 7ct </KARAT> grosse smaragd ohrstecker 925{S}
uck{S} ohrringe{S} ohrringe{S} ohrringe <KARAT> 0 80 karat </KARAT> brillanten und topase 585 g
stilvolle ohrstecker 925 silber smaragd <KARAT> 0 83ct </KARAT>{S} carat diamant kernbohrmaschi
 unisex silber ohrstecker mit aquamarin <KARAT> 0 84 ct </KARAT>{S} schöne verg kette mit grüns
 15 echte diamanten durchbohrt 3 9 2 mm <KARAT> 0 85 ct </KARAT>{S} 15 fimoperlen fimo perlen b
 smaragd ohrstecker 925{S} top elegante <KARAT> 0 8ct </KARAT> grosse smaragd ohrstecker 925{S}
len{S} 750 ohrstecker mit 38 brillanten <KARAT> 0 91 ct </KARAT> uvp 1 660{S} 750 wg blautopas
 smaragd ohrstecker 925{S} top elegante <KARAT> 0 9ct </KARAT> grosse aqamarin ohrstecker 925{S
 neu brillant ohrstecker solitair 585gg <KARAT> 028ct </KARAT> si 350{S} neu brillant ohrstecke
 neu brillant ohrstecker solitair 585gg <KARAT> 033ct </KARAT> si 500{S} neu brillant ohrstecke
 neu brillant ohrstecker solitair 585wg <KARAT> 044ct </KARAT> 450{S} neu brillant ohrstecker s
```

Abbildung 47: Karat_Konkordanz

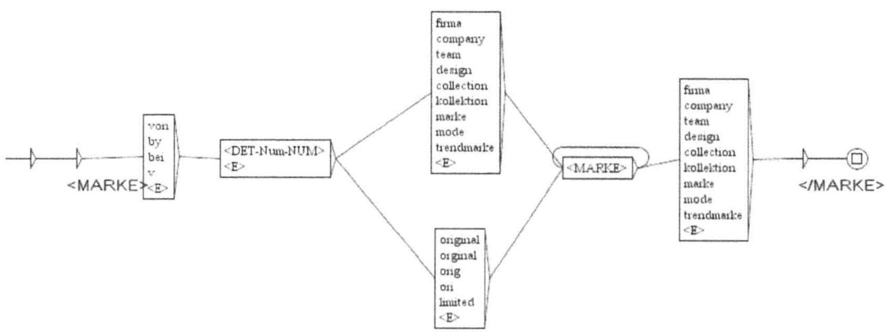

Abbildung 48: Marke_Graph

```
damen s oliver{S} ohrringe damen strass <MARKE> d g </MARKE> creolen versilbert neu{S} ohrringe
versilbert neu{S} ohrringe damen strass <MARKE> d g </MARKE> creolen versilbert neu strkl{S} oh
e goldfarben{S} dior original kette mit <MARKE> d g </MARKE> schmuck taschchen{S} dirndl collie
bana lollipop ohrringe schick dj0570{S} <MARKE> d g dolce gabbana </MARKE> lush ohrstecker schi
abbana lush ohrstecker schick dj0790{S} <MARKE> d g dolce gabbana </MARKE> ohr ring swap dj0185
gabbana rocks ohrringe schick dj0472{S} <MARKE> d g dolce gabbana </MARKE> romantic ohrringe dj
ana romantic ohrringe dj0263 uvp 115{S} <MARKE> d g dolce gabbana </MARKE> triplet ohrringe tre
bana romantic ohrringe dj0248 uvp 85{S} <MARKE> d g dolce gabbana </MARKE> romantic ohrringe dj
bbana ohrschmuck fancy schick dj0666{S} <MARKE> d g dolce gabbana </MARKE> ohrstecker wisp dj08
bbana triplet ohrringe trendy dj0658{S} <MARKE> d g dolce gabbana </MARKE> whisp ohrringe schic
ohrringe kreuze mit swarovski steine{S} <MARKE> d g dolce gabbana </MARKE> lollipop ohrringe sc
eu{S} d g dolce gabbana ohrringe ovp{S} <MARKE> d g dolce gabbana </MARKE> ohrschmuck fancy sch
lce gabbana ohr ring swap dj0185 neu{S} <MARKE> d g dolce gabbana </MARKE> ohrringe ovp{S} d g
e gabbana ohrstecker wisp dj0818 neu{S} <MARKE> d g dolce gabbana </MARKE> rocks ohrringe schic
ros neu 12049{S} trendy modeschmuck aus <MARKE> der bravo </MARKE> girl{S} trendy ohrhänger kup
tellbar ohrclip{S} heinz mohr sermon ob <MARKE> der christ </MARKE> etwas zu lachen habe{S} hei
 halsketten meer weiss{S} ohrringe hand <MARKE> der fatima </MARKE> takschita abaya kaftan hija
phin messing u silberfarben{S} ohrringe <MARKE> der firma schberger </MARKE>{S} ohrringe der na
 ohrringe parodie auf herr der ringe{S} <MARKE> der herr der ringe </MARKE> 7 bände schmuck box
ine delfin 925er silb neu{S} ohrstecker <MARKE> der marke energetix </MARKE>{S} ohrstecker der
ecker der marke energetix{S} ohrstecker <MARKE> der marke fossil </MARKE>{S} ohrstecker design
it bügel 925 silber{S} ohrringe creolen <MARKE> der marke h m </MARKE> hippie boho{S} ohrringe
chbodenfund{S} goldene ohrringe creolen <MARKE> der marke h m </MARKE> stylish{S} goldene ohrri
it grauer perle{S} eleganter ohrstecker <MARKE> der marke konplott </MARKE> neu{S} eleganter oh
```

Abbildung 49: Marke_Konkordanz

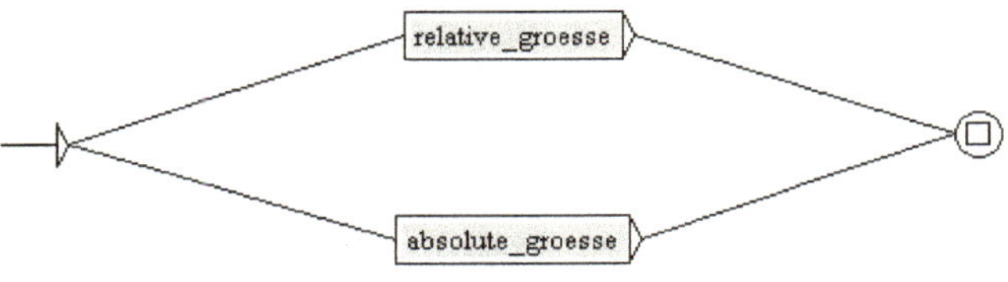

Abbildung 50: Größe_Graph

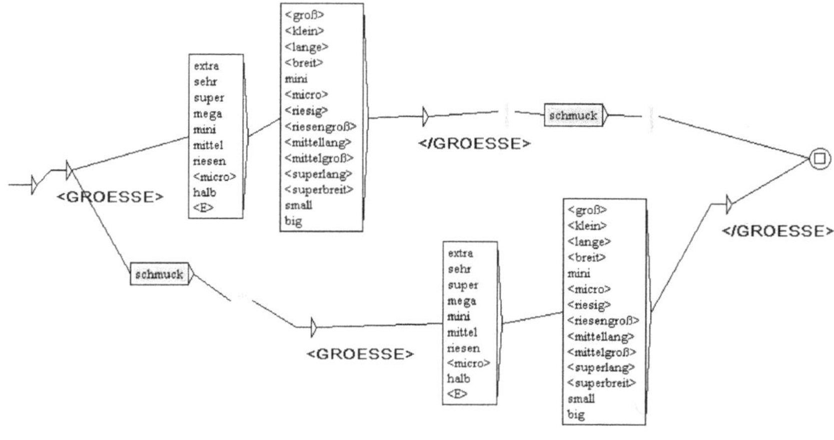

Abbildung 51: Relative_Größe_Graph

```
intimpiercing ohrring{S} titan piercing <GROESSE> micro </GROESSE> labrets cone lippenpiercing
i ohrstecker mit peridots bezaubernd{S} <GROESSE> mini </GROESSE> ohrstecker mit regenbogen mon
schwingende elemente accessorize 3cm{S} <GROESSE> mini </GROESSE> ohrstecker mit peridots bezau
 a{S} mini herz ohrstecker in silber{S} <GROESSE> mini </GROESSE> ohrringe frei schwingende ele
hrringe 3 paar klar schwarz sexy neu{S} <GROESSE> mini </GROESSE> creolen ohrringe silber herz
app creolen ohrringe 52069{S} echt gold <GROESSE> mini </GROESSE> creolen mit scharnier ohrring
S} ohrlochpistole profi koffer standard <GROESSE> mini </GROESSE> ohrstecker fe{S} ohrmuttern e
rringe ohrstecker e3e{S} chirurgenstahl <GROESSE> mini </GROESSE> ohrstecker kristall piercing
 e7e{S} 12 paar chirurgenstecker medico <GROESSE> mini </GROESSE> ohrringe 12farben{S} 12 paar
{S} 1 paar las vegas ohrringe{S} 1 paar <GROESSE> mini </GROESSE> ohrstecker brilli silber zirk
lli zirkonia 3mm rosa 925 neu{S} 1 paar <GROESSE> mini </GROESSE> ohrstecker brilli zirkonia 4m
lli zirkonia 3mm blau 925 neu{S} 1 paar <GROESSE> mini </GROESSE> ohrstecker brilli zirkonia 3m
rilli silber zirkonia 3mm neu{S} 1 paar <GROESSE> mini </GROESSE> ohrstecker brilli zirkonia 3m
ne ohrstecker mit straßstein{S} 12 paar <GROESSE> mini </GROESSE> ohrstecker stahl in 12 steinf
ohr intim brust piercing bc01{S} 10paar <GROESSE> mini </GROESSE> ohrstecker brilli klar3mm run
lli zirk 3mm rund 925 neuware{S} 10paar <GROESSE> mini </GROESSE> ohrstecker brilli zirkonia 3m
lli zirkonia 3mm rund 925 neu{S} 10paar <GROESSE> mini </GROESSE> ohrstecker brilli zirkonia 4m
lli klar3mm rund silber925neu{S} 10paar <GROESSE> mini </GROESSE> ohrstecker brilli zirk 3mm ru
kette u armband neu 7950{S} schmuck set <GROESSE> mini </GROESSE> kette armband mädchen{S} schm
hr augenbraue piercing{S} 1 6mm schwarz <GROESSE> mirco </GROESSE> labret lippe piercing schmuc
zschmuck modeschmuck kette{S} holzkette <GROESSE> mittellang </GROESSE> modeschmuck{S} holzkett
 große silber creolen ohrringe 12013{S} <GROESSE> riesige </GROESSE> creolen ohrringe türkis si
 gr grünem steine vergoldet 3 5x 1 6{S} <GROESSE> riesige </GROESSE> ohrhänger ohrringe modesch
esige ohrhänger ohrringe modeschmuck{S} <GROESSE> riesige </GROESSE> ohrringe der trend neu{S}
ringe türkis silber gipsyschmuck neu{S} <GROESSE> riesige </GROESSE> ohrclips mit gr grünem ste
wertige creolen ohrringe echtes gold{S} <GROESSE> riesiger </GROESSE> ohrclips hämatit blutstei
ohrclips hämatit blutstein 2 5x 5 cm{S} <GROESSE> riesiger </GROESSE> ohrring ohrhänger in inte
n{S} indianerschmuck silber bärenkralle <GROESSE> riesiger </GROESSE> ring{S} indianerschmuck s
 ohrstecker silber 925 mit blautopaz{S} <GROESSE> sehr breite </GROESSE> creolen in weissgold 5
e gewellte creolen ohrringe gold 750{S} <GROESSE> sehr große </GROESSE> creolen 333 gold ohrrin
iv{S} sehr lange auffällige ohrclips{S} <GROESSE> sehr lange </GROESSE> ohrclips von lady lord
lips ohrringe von swarovski herzform{S} <GROESSE> super lange </GROESSE> ohrringe ohrhänger im
heliger hund mit knopf im ohr steiff{S} <GROESSE> superlanger </GROESSE> ohrschmuck coole ohrst
```

Abbildung 52: Relative_Größe_Konkordanz

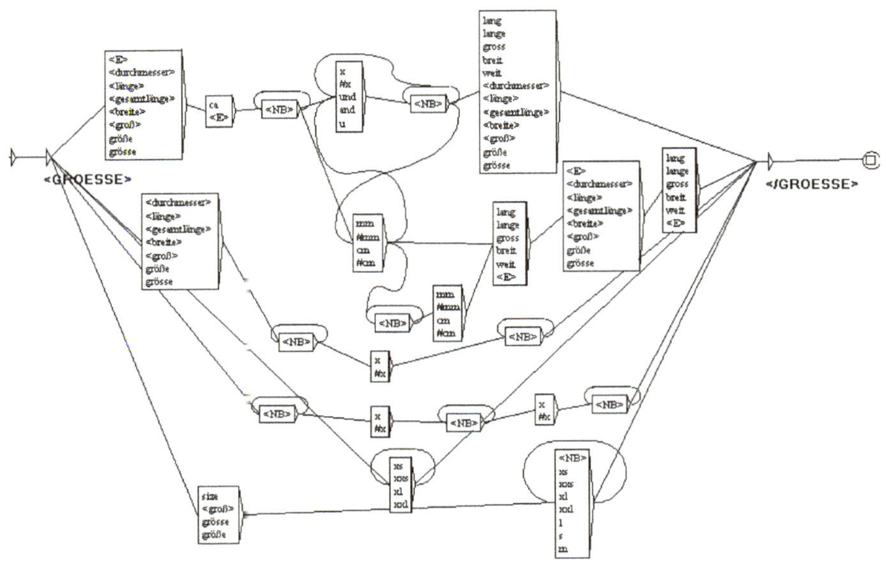

Abbildung 53: Absolute_Größe_Graph

```
.d monroe{S} weiße perlen ohrstecker ø  <GROESSE>0 7cm </GROESSE> brandneu trend monroe{S} wei
 kinderschmuck silberkette 925 silber  <GROESSE>0 7mm 36 cm </GROESSE>{S} kinderschmuck silbe
0x paar ohrhaken ohrringe silberfarbe  <GROESSE>0 7mm </GROESSE> metall{S} 100x paar ohrringe
 ohrhaken ohrringe metall silberfarbe  <GROESSE>0 7mm </GROESSE>{S} 100x paar ohrhaken ohrrin
silber{S} 100x paar ohrhaken ohrringe  <GROESSE>0 7mm </GROESSE> silberfarbe metall{S} 100x p
0 x paar ohrhaken ohrstecker ohrringe  <GROESSE>0 7mm </GROESSE> 925 silber{S} 50 x ringe met
S} 100x paar ohrringe ohrhaken metall  <GROESSE>0 7mm </GROESSE> silberfarbe{S} 100x perlen s
metall{S} 100x paar ohrringe ohrhaken  <GROESSE>0 7mm </GROESSE> silberfarbe metall{S} 100x p
.rhaken ohrringe ohrstecker 925 silber  <GROESSE>0 7mm </GROESSE>{S} 250 goldnugget gold goldb
.ue kette perlenkette grau modeschmuck  <GROESSE>0 8 cm </GROESSE>{S} grauen perlen und zirkon
chwarz{S} ohrringe creoler 925 silber  <GROESSE>0 8 cm druchmesser </GROESSE> neu{S} ohrringe
 55 ct ohrstecker echter rubin 925{S}  <GROESSE>0 8 mm </GROESSE> schwarz klemmkugel ring ohr
ante zirkonia ohrstecker diamant weiß  <GROESSE>0 8cm </GROESSE> bling{S} brilliante zirkonia
ohrringe fächerf silber diamantgeschl  <GROESSE>0 8x 1cm </GROESSE> stein{S} ohrringe für kin
chmuck{S} schmuck kette collier kobra  <GROESSE>1 0 42cm </GROESSE> silberschmuck{S} schmuck
hmuck sicherheitsnadel safety schwarz  <GROESSE>1 0 mm </GROESSE> top{S} ohr schmuck sicherhe
} bcr ring lippe ohr titan stein bunt  <GROESSE>1 0 x 10 x 4 </GROESSE> neu{S} bcr ring lippe
} bcr ring lippe ohr titan stein rosa  <GROESSE>1 0 x 10 x 5 </GROESSE> neu{S} bcr ring lippe
 ring lippe ohr nase titan stein rosa  <GROESSE>1 0 x 8 x 4 </GROESSE>{S} bcr ring lippe ohr
r ring lippe ohr u a titan stein bunt  <GROESSE>1 0 x 8 x 4 </GROESSE>{S} bcr ring ohr lippe
r ring lippe nase ohr titan stein rot  <GROESSE>1 0 x 8 x 4 </GROESSE>{S} bcr ring lippe ohr
 1 00k peridot ohrringe ir 14 k gg{S}  <GROESSE>1 0mm </GROESSE> vergoldet klemmkugel ring oh
kugel ring ohr augenbraue piercing{S}  <GROESSE>1 0mm </GROESSE> titan klemmkugel ring ohr au
en 4paar{S} ohrringe creolen 585 gold  <GROESSE>1 1 cm </GROESSE> glänzend{S} ohrringe creole
st004{S} ohr piercing plug chir stahl  <GROESSE>1 2 1 6 2 0 2 5 3 2mm </GROESSE>{S} ohr pierc
et bcr piercing ring ohr lippe nippel  <GROESSE>1 2 10 4mm </GROESSE>{S} 8er set dehnungsstab
t perlen ohrclips clip clips ohrringe  <GROESSE>1 2 cm </GROESSE>{S} 3244 sichel uv acryl sch
silber ohrringe potts stress kristall  <GROESSE>1 2 cm </GROESSE>{S} designer silber ohrringe
er neu{S} ohrringe creoler 925 silber  <GROESSE>1 2 cm druchmesser </GROESSE> neu{S} ohrringe
 ring ohr augenbraue piercing bc01{S}  <GROESSE>1 2 mm </GROESSE> 3 ecke klemmkugel ring ohr
```

Abbildung 54: Relative_Größe_Konkordanz

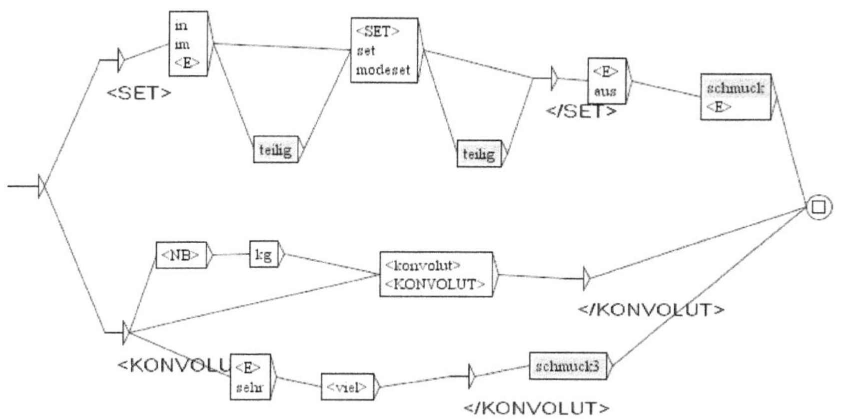

Abbildung 55: Graph_Set

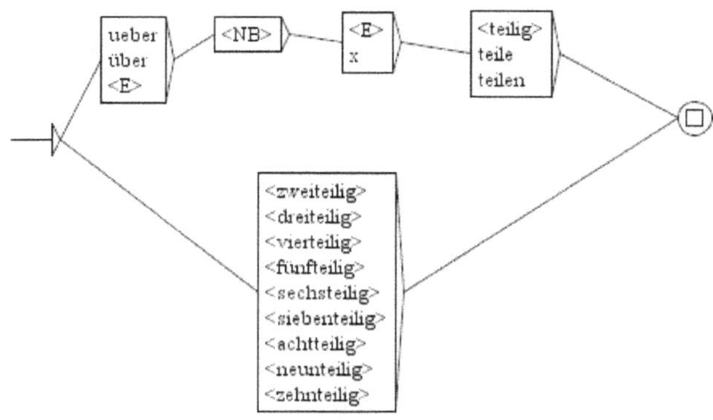

Abbildung 56: Teilig_Graph

odeschmuck konvolut über 120 teile{S} 1 <KONVOLUT>5 kg konvolut </KONVOLUT> von altem altem
modeschmuck über 130 teile{S} 1 <KONVOLUT>5 kg konvolut </KONVOLUT> älterer modeschmuc
zanhänger{S} goldschmuck konvolut 333er <KONVOLUT>goldkonvolut </KONVOLUT> 23teile ca 62 g{S}
23teile ca 62 g{S} goldschmuck konvolut <KONVOLUT>goldkonvolut </KONVOLUT> ca 34 gramm 333
585 muck ketten mit kl koffer g schokuhr{S} <KONVOLUT>konvolt </KONVOLUT> ohrstecker clips stras
p änzcher aus echter myrte{S} haarschmuck <KONVOLUT>konvolt </KONVOLUT>{S} haarschmuck
kopfschmu {S} konvolut ringe modeschmuck gr 20{S} <KONVOLUT>konvolut </KONVOLUT> ringe silber
S} modeschmuck <KONVOLUT>sehr viel </KONVOLUT><SCHMUCK> ketten </SCHMUCK> muck black
neu{S} s43 halskette armband <KONVOLUT>viele </KONVOLUT><SCHMUCK> anhänger </SCHMUCK>
46{S} modeschmuck kette neu <KONVOLUT>viele </KONVOLUT><SCHMUCK> anhänger </SCHMUCK>
te bunny S original playmobil <KONVOLUT>viele </KONVOLUT><SCHMUCK> ketten </SCHMUCK>
konvulut mit kästchen viele <KONVOLUT>viele </KONVOLUT><SCHMUCK> ringe </SCHMUCK>
rmband{S} 11 teiliges ohrstecker set{S} <SET> 11 teiliges schmuckset </SET>{S} 11 tlg diamant b 85 gold
ohrringe pendiente orecchini{S} <SET> 11tlg schmuckset </SET> v zara h m bijou brigitte armbänder set
stylischer modeschmuck{S} <SET> 12 teiliges schmuckset </SET> für mädchen{S} 12 t } 12 teiliges
schmuckset für mädchen{S} <SET> 12 teiliges set </SET> <OHRSCHMUCK> ohrringe </OHRSCHMUCK> le
ohrstecker totenkopf 925er silber{S} <SET> 14 teiliges schmuckset </SET>{S} 14 teiliges set 5er silber{S}
14 teiliges schmuckset{S} <SET> 14 teiliges set </SET> <HAARSPANGE> haarschmuck haarspangen
</HAARSPANGE> set ring und ohrstecker in einer box{S} <SET> 2 teiliges schmuckset </SET> uhr u ring
größen ve ile für ohrringe zum selbstgestalten{S} <SET> 2 teiliges schmuckset </SET> <COLLIER> collier
</COLLIER> uckset collier ohrclips um 1930 3422{S} <SET> 2 teiliges schmuckset </SET>
<OHRSCHMUCK> ohrringe </OHRSCHMUCK> ges schmuckset ohrringe und anhänger{S} <SET> 2 teiliges
schmuckset </SET> <RING> ring </RING> kette u ohrstecker swarovski st neu{S} <SET> 2 tlg
schmuckset </SET> in silber mit pinkfarbene t in silber mit pinkfarbenen steinen{S} <SET> 2 tlg set
</SET><KETTE> holzperlenkette </KETTE> gner hoops ohrringe silber pl{S} quelle <SET> 2 tlg set </SET>
<KETTE> kette </KETTE> ohrstecke lg set holzperlenkette paar ohrringe{S} <SET> 2 tlgs schmuckset

Abbildung 57: Set_Konkordanz